墨人 著

本全集保留作者手批手稿

墨人博士作品全集

【全60冊】

第三十二冊 魔障

文史哲出版社印行

國家圖書館出版品預行編目資料

墨人博士作品全集 / 墨人著 -- 初版 -- 臺北
市:文史哲, 民 100.12
頁： 公分
ISBN 978-957-549-987-7 (全套 60 冊：平裝)

1.現代文學 2. 中國文學 3.別集

848.6 100022602

墨人博士作品全集【全60冊】

第三十二冊 魔 障

著 者：墨 人
出版者：文史哲出版社
http://www.lapen.com.tw
登記證字號：行政院新聞局版臺業字五三三七號
發行人：彭正雄
發行所：文史哲出版社
印刷者：文史哲出版社
臺北市羅斯福路一段七十二巷四號
郵政劃撥帳號：一六一八〇一七五
電話886-2-23511028 · 傳真886-2-23965656

【全60冊】定價新臺幣 36,800 元

中華民國一百年（2011）十二月初版

ISBN 978-957-549-987-7 08992

墨人博士著作品全集 總目

一、散文類

二、長篇小說

三、中短篇小說散文合集

四、詩詞及論評

附：外篇

墨人的一部文學千秋史

張萬熙先生，筆名墨人，江西九江人，民國九年生。爲一位享譽國內外名小說家、詩人、學者。歷任軍、公、教職。六十五歲始自從國民大會簡任一級加年功俸的資料組長兼圖書館長公職崗位退休，但已是中國文壇上一位閃亮的巨星。出版有：《全唐詩尋幽探微》、《紅樓夢的寫作技巧》、二百九十多萬字的大長篇小說《紅塵》、《白雪青山》、《春梅小史》；詩集：《哀祖國》；散文集：《小園昨夜又東風》……。民國五十年、五十一年連續以短篇小說，兩次入選維也納納富出版公司出版的《世界最佳小說選集》。七十歲時自東吳大學中文系教席二度退休，仍著述不輟，爲國寶級文學家。墨人博士在臺勤於創作六十多年（在大陸時期已創作十年），並以其精通儒、釋、道之學養，綜理戎機、參贊政務、作育英才，更以其對傳統文學的精湛造詣，與對新文藝的創作，在國際上贏得無數榮譽，如：美國世界大學榮譽文學博士、美國馬奎士國際大學榮譽文學博士、美國艾因斯坦國際學院榮譽人文學博士（包括哲學、文學、藝術、語言四類）、英國劍橋國際傳記中心副總裁（代表亞洲）、英國莎士比亞詩、小說與人文學獎得主，現在出版《全集》中。

壹、家世・堂號

張萬熙先生，江西省德化人（今九江），先祖玉公，明末時以提督將軍身份鎮守雁門關，蒙古騎兵入侵，戰死於東昌，後封為「河間王」。其子輔公，進士出身，歷任文官。後亦奉召領兵「三定交趾」，因戰功而封為「定興王」。其子貞公亦有兵權，因受奸人陷害，自蘇州嘉定（即今上海市一區），謫居潯陽（今江西九江）。祖宗牌位對聯為：嘉定源流遠，潯陽歲月長；右書「清河郡」、左寫「百忍堂」。

貳、來臺灣的過程

民國三十八年，時局甚亂，張萬熙先生攜家帶眷，在兵荒馬亂人心惶惶時，張先生從湖南長沙火車站，先將一千多度的近視眼弱妻，與四個七歲以下子女，從車窗口塞進車廂，自己則擠在廁所內動彈不得，千辛萬苦的從湖南長沙搭火車南下廣州，從廣州登商輪來臺。七月三日抵基隆，由同學顧天一先生，接到臺北縣永和鎮鄉下暫住。

參、在臺灣一甲子奮鬥的過程

一、初到臺灣的生活

家小安頓妥後，張萬熙先生先到臺北萬華，一家新創刊的《經濟快報》擔任主編，但因財務不濟，四個月不到便草草結束。幸而另謀新職，舉家遷往左營擔任海軍總司令辦公室秘書，負責紀錄整理所有軍務會報紀錄。

民國四十六年，張先生自左營來臺北任職國防部史政局編纂《北伐戰史》（歷時五年多浩大工程，編成綠布面精裝本、封面燙金字《北伐戰史》叢書），完成後在「八二三」炮戰前夕又調任國防部總政治部，主管陸、海、空、聯勤文宣業務，四十七歲自軍中正式退役後轉任文官，在臺北市中山堂的國民大會主編研究世界各國憲法政治的十六開大本的《憲政思潮》，作者、譯者都是台灣大學、政治大學的教授、系主任，首開政治學術化先例。

張先生從左營遷到臺北大直海軍眷舍，只是由克難的甘蔗板隔間眷舍改為磚牆眷舍，大小一般，但邊間有一片不小的空地，子女也大了，不能再擠在一間房屋內，因此，張先生加蓋了三間竹屋安頓他們。但眷舍右上方山上是一大片白色天主教公墓，在心理上有一種「與鬼為鄰」的感覺。張夫人有一千多度的近視眼，她看不清楚，子女看見嘴裡不講，心裡都不舒服。張先生自軍中假退役後，只拿八成俸。

張先生因為有稿費、版稅，還有些積蓄，除在左營被姓譚的同學騙走二百銀元外，剩下的積蓄還可以做點別的事。因為住左營時在銀行裡存了不少舊臺幣，那時左營中學附近的土地只要三塊多錢一坪，張先生可以買一萬多坪。但那時政府的口號是「一年準備，兩年反攻，三年掃蕩，五年成功。」張先生信以為真，三十歲左右的人還是「少不更事」，平時又忙著上班、寫作，實在不懂政治、經濟大事，以為政府和「最高領袖」不會騙人，五年以內真的可以回大陸，張先生又有「戰士授田證」。沒想到一改用新臺幣，張先生就損失一半存款，呼天不應。但天理不容，姓譚的同學不但無后，也死了三十多年，更沒沒無聞。張先生作人、看人的準則是：無論幹什麼都是「誠信」第一，因果比法律更公平、更準。欺人不可欺心，否則自食其果。

二、退休後的寫作生活

張先生四十七歲自軍職退休後，轉任台北市中山堂國大會主編十六開大本研究各國憲法政治的《憲政思潮》十八年，時任簡任一級資料組長兼圖書館長。並在東吳大學兼任副教授二十年、香港廣大學院指導教授、講座教授、指導論文寫作、不必上課。六十四歲時即請求自公職提前退休，以業務重要不准，但取得國民大會秘書長（北京朝陽大學法律系畢業）何宜武先生的首肯，六十五歲依法退休。當時國民大會、立法院、監察院簡任一級主管多延至七十歲退休，因所主管業務富有政治性，與單純的行政工作不同，六十五歲時張先生雖達法定退休年齡，還是延長了四個月才正式退休，何秘書長宜武大惑不解地問張先生：「別人請求延長退休而不可得，你爲什麼反而要求退休？」張先生答以「專心寫作」，何秘書長才坦然不疑。退休後日夜寫作，因胸有成竹，很快完成了一百九十多萬字的大長篇小說《紅塵》，在鼎盛時期的《臺灣新生報》連載四年多，開中國新聞史中報紙連載最大長篇小說先河。但報社還不敢出版，經讀者熱烈反映，才出版前三大冊。當年十二月即獲行政院新聞局「著作金鼎獎」與嘉新文化基金會「優良著作獎」，亦無前例。《台灣新生報》又出九十三章至一百二十二章，只好名爲《續集》。墨人在書前題五言律詩一首：

浩劫未埋身，揮淚寫紅塵，非名非利客，孰晉孰秦人？
毀譽何清問？吉凶自有因。天心應可測，憂道不憂貧。

二〇〇四年初，巴黎 youfeng 書局出版豪華典雅的法文本《紅塵》，亦開「五四」以來中文作家大長篇小說進入西方文學世界重鎮先河。時爲巴黎舉辦「中國文化年」期間，兩岸作家多由政府資助出席，張先生未獲任何資助，亦未出席，但法文本《紅塵》卻在會場展出，實爲一大諷刺。張先生一生「只問耕耘，不問收穫」的寫作態度，七十多年來始終如一，不受任何外在因素影響。

肆、特殊事蹟與貢獻

一、《紅塵》出版與中法文學交流

《紅塵》寫作時間跨度長達一世紀，由清朝末年的北京龍氏家族的翰林第開始，寫到八國聯軍、滿清覆亡、民國初建、八年抗日、國共分治下的大陸與臺灣，續談臺灣的建設發展、開放大陸探親等政策。空間廣度更遍及大陸、臺灣、日本、緬甸、印度，是一部中外罕見的當代文學鉅著。墨人五十七歲時應邀出席在西方文藝復興聖地佛羅倫斯所舉辦的首屆國際文藝交流大會，會後環遊地球一周。七十歲時應邀訪問中國大陸四十天，次年即出版《大陸文學之旅》。《紅塵》一書最早於臺灣新生報連載四年多，並由該報連出三版，臺灣新生報易主後，將版權交由昭明出版社出版定本六卷。由於本書以百年來外患內亂的血淚史爲背景，寫出中國人在歷史劇變下所顯露的生命態度、文化認知、人性的進取與沉淪，引起中外許多讀者極大共鳴與回響。

旅法學者王家煜博士是法國研究中國思想的權威，曾參與中國古典文學的法文百科全書翻譯工作，他認爲深入的文化交流仍必須透過文學，而其關鍵就在於翻譯工作。從五四運動以來，中西文化交流一直是西書中譯的單向發展。直到九十年代文建會提出「中書外譯」計畫，臺灣作家才逐漸被介紹到西方，如此文學鉅著的翻譯，算是一個開始。

王家煜在巴黎大學任教中國上古思想史，他指出《紅塵》一書中所引用的詩詞以及蘊含中國思想的博大精深，是翻譯過程中最費工夫的部分。爲此，他遍尋參考資料，並與學者、詩人討論，歷時十年終於完成《紅塵》的翻譯工作，本書得以出版，感到無比的欣慰。他笑著說，這可說是「十年寒窗」。

《紅塵》法文譯本分上下兩大冊，已由法國最重要的中法文書局「友豐書店」出版。友豐負責人潘立輝謙沖寡言，三十年多來，因對中法文化交流有重大貢獻而獲得法國授予文化「騎士勳章」的榮譽。他於五年前開始成立出版部，成爲歐洲一家以出版中國圖書法文譯著爲主業的華人出版社。

潘立輝表示，王家煜先生的法文譯筆典雅、優美而流暢，使他收到「紅塵」譯稿時，愛得不忍釋手，他以一星期的時間一口氣看完，經常讀到凌晨四點。他表示出版此書不惜成本，不太可能賺錢，卻感到十分驕傲，因爲本書能讓不懂中文的旅法華人子弟，更瞭解自己文化根源的可貴之處，同時，本書的寫作技巧必對法國文壇有極大影響。

二、不擅作生意

張先生在六十五歲退休之前，完全是公餘寫作，在軍人、公務員生活中，張先生遭遇的挫折不少。軍職方面，張先生只升到中校就不做了，因爲過去稱張先生爲前輩、老長官的人都成爲張先生的上司，張先生怎麼能做？因爲張先生的現職是軍聞社資料室主任（他在南京時即任國防部新創立的「軍事新聞總社」實際編輯主任，因言守元先生是軍校六期老大哥，未學新聞，不在編輯之列）。但張先生以不求官，只求假退役，不擋人官路，這才退了下來。那時養來亨雞風氣盛行，在南京軍聞總社任外勤記者的姚秉凡先生頭腦靈活，他即時養來亨雞，張先生也「東施效顰」，結果將過去稿費積蓄全都賠光。

三、家庭生活與運動養生

張先生大兒子考取中國廣播公司編譯，結婚生子，廿七年後才退休，長孫修明取得美國南加州大學電機碩士學位，之後即在美國任電機工程師。五個子女均各婚嫁，小兒子選良以獎學金取得美國華盛頓大學化學工程博士，媳蔡傳惠爲伊利諾理工學院材料科學碩士，兩孫亦已大學畢業就業，落地生根。

張先生兩老活到九十一、九十二歲還能照顧自己。（近年以一印尼女「外勞」代做家事）張先生一伏案寫作四、五小時都不休息，與臺大外文系畢業的長子選翰兩人都信佛，六十五歲退休後即吃全素。低血壓十多年來都在五十五至五十九之間，高血壓則在一百一十左右，走路「行如風」，年輕人很多都跟不上張先生，比起初來臺灣時毫不遜色，這和張先生運動有關。因爲張先生住大直後山海軍眷舍八年，眷舍右上方有一大片白色天主教公墓，諸事不順，公家宿舍小，又當西曬，張先生靠稿費維持七口之家和五個子女的教育費。三伏天右手墊墳著毛巾，背後電扇長吹，三年下來，得了風濕病，手都舉不起來，花了不少錢都未治好。後來章斗航教授告訴張先生，圓山飯店前五百完人塚廣場上，有一位山西省主席閻錫山的保鑣王延年先生在教太極拳，勸張先生天一亮就趕到那裡學拳，一定可以治好。張先生一向從善如流，第二天清早就向王延年先生報名請教，王先生有教無類，收張先生這個年已四十的學生，王先生先不教拳，只教基本軟身功攀腿，卻受益非淺。

四、耿直的公務員性格

張先生任職時向來是「不在其位，不謀其政」。後來升簡任一級組長，有一位「地下律師」的專員，平時鑽研六法全書，混吃混喝，與西門町混混都有來往，他的前任爲大畫家齊白石女婿，平日公私不分，是非不明，借錢不還，沒有口德，人緣太差，又常約那位「地下律師」專員到家中打牌。那專員平日不簽到，甚至將簽到簿撕毀他都不哼一聲，因爲爲他多報年齡，屆齡退休時想更改年齡，但是得罪人太多，金錢方面更不清楚，所以不准再改年齡，組長由張先生繼任。

張先生第一次主持組務會報時，那位地下律師就在會報中攻擊圖書科長，張先生立即申斥，並宣佈記過。簽報上去處長都不敢得罪那地下律師，又說這是小事，想馬虎過去，張先生以秘書處名譽紀律爲重，非記過不可，讓他去法院告張先生好了。何宜武祕書長是學法的，他看了張先生簽呈同意記過，那位地下律師「專員」不但不敢告，只暗中找一位不明事理的國大「代表」來找張先生的麻煩。因事先有人告訴他，張先生完全不理那位代表，他站在張先生辦公室門口不敢進來，幾分鐘後悄然而退。人不怕鬼，鬼就怕人。諺云：「一正壓三邪」，這是經驗之談。直到張先生退休，那位專員都不敢惹事生非，西門町流氓也沒有找張先生的麻煩，當年的代表十之八九已上「西天」，張先生活到九十二歲還走路「行如風」，一坐到書桌，能連續寫作四、五小時而不倦，不然張先生怎麼能在兩岸出版約三千萬字的作品？

原載新文豐《紮根台灣六十年》，墨人民國一百年十一月十三日校正）

墨人博士作品全集

文學是千秋藝業
秦皇漢武今何在
李白杜甫仍風流

全集共分四大類
一、散文類 六小說類
二、文學理論類
四、新詩古典詩詞類

我出生於一個「萬般皆下品，惟有讀書高」的傳統文化家庭，且深受佛家思想影響，因祖母信佛，兩個姑母先後出家，大姑母是帶著賠嫁的錢購買依山傍水風景很好，上名山廬山的必經之地的「天后宮」出家的，小姑母的廟則在鬧中取靜的市區。我是父母求神拜佛後出生的男子，並寄名佛下，乳名聖保，上有二姊下有一妹都夭折了，在那個重男輕女的時代！我自然水漲船高了。我記得四、五歲時一位面目清秀，三十來歲文質彬彬的李瞎子替我算命，母親問李瞎子，我的命根穩不穩？能不能養大成人？李瞎子說我十歲行運，幼年難免多病，可以養大成人，但是會遠走高飛。母親聽了憂喜交集，在那個時代不但妻以夫貴。也以子貴，有兒子在身邊就多了一層保障。母親的心理壓力很大，李瞎子的「遠走高飛」那句話可不是一句好話。

到現在八十多年了，我還記得十分清楚。母親暗自憂心。何況科舉已經廢了，不必「進京趕考」，更不會「當兵吃糧」，安安穩穩作個太平紳士或是教書先生不是很好嗎？我們張家又是大族，人多勢眾，不會受人欺侮，何況二伯父的話此法律更有權威，人人敬仰，去外地「打流」又有什麼好處？因此我剛滿六歲就正式拜孔夫子入學啓蒙，從《三字經》、《百家姓》、《千字文》、《千家詩》、《論語》、《大學》、《中庸》……《孟子》、《詩經》、《左傳》讀完了都要整本背，在十幾位學生中，也只有我一人能背，我背書如唱歌，窗外還有人偷聽，他們實在缺少娛樂。除了我父親下雨天會吹吹笛子、簫，消遣之外，沒有別的娛樂，我自幼歡喜絲竹之音，但是很少聽到。讀書的人也只有我們三房、二房兩兄弟，二伯父在城裡當紳士，偶爾下鄉排難解紛，他是一族之長，更受人尊敬，因爲他大公無私，又有一百八十公分左右的身高，眉眼自有威嚴，能言善道，他的話比法律更有效力，加之民性純樸，真是「夜不閉戶，道不失遺」。只有「夏都」廬山才有這麼好的治安。我十二歲前就讀完了四書、詩經、左傳、千家詩。我最喜歡的是《千家詩》和《詩經》。

關關睢鳩，在河之洲，

窈窕淑女，君子好逑。

我覺得這種詩和講話差不多，可是更有韻味。我就喜歡這個調調。《千家詩》我也喜歡，我背得更熟。開頭那首七言絕句詩就很好懂：

雲淡風清近午天，傍花隨柳過前川。

時人不識余心樂，將謂偷閒學少年。

老師不會作詩，也不講解，只教學生背，我覺得這種詩和講話差不多，但是更有韻味。我也了解大意，我以讀書爲樂，不以爲苦。這時老師方教我四聲平仄，他所知也止於此。

我也喜歡《詩經》，這是中國最古老的詩歌文學，是集中國北方詩歌的大成。可惜三千多首被孔子刪得只剩三百首。孔子的目的是：「詩三百，一言以蔽之，曰思無邪。」孔老夫子將《詩經》當作教條。詩是人的思想情感的自然流露，是最可以表現人性的。先民質樸，孔子既然知道「食色性也」，對先民的集體創作的詩歌就不必要求太嚴，以免喪失許多文學遺產和地域特性。楚辭和詩經不同，就是地域特性和風俗民情的不同。文學藝術不是求其同，而是求其異。這樣才會多彩多姿。文學不應成爲政治工具，但可以移風易俗，亦可淨化人心。我十二歲以前所受的基礎教育，獲益良多，但也出現了一大危機，沒有老師能再教下玄。幸而有一位年近二十歲的姓王的學生在廬山一未立案的國學院求學，他問我想不想去？我自然想去，但廬山夏涼，冬天太冷，父親知道我的心意，並不反對，他對新式的人手是刀尺的教育沒有興趣，我便在飄雪的寒冬同姓王的爬上廬山，我生在平原，這是第一次爬上高山。

在廬山我有幸遇到一位湖南岳陽籍的閻毅字任之的好老師，他只有三十二歲，飽讀詩書，與民國初期的江西大詩人散原老人唱和，他的王字也寫的好。有一天他要六七十位年齡大小不一的學生各寫一首絕句給他看，我寫了一首五絕交上去，廬山松樹不少，我生在平原是看不到松樹的，我是即景生情，信手寫來，想不到閻老師特別將我從大教室調到他的書房去，在他右邊靠牆壁另加一桌一椅，教我讀書寫字，並且將我的名字「熹」改為「熙」，視我如子。原來是他很欣賞我那首五絕中的「疏松月影亂」這一句。我只有十二歲，不懂人情世故，也不了解他的深意。時任漢口市長張群的侄子張繼文還小我一歲，卻是個天不怕、地不怕的小太保，江西省主席熊式輝的兩個小舅子大我幾歲，閻老師的侄子卻高齡二十八歲。學歷也很懸殊，有上過大學的、高中的，多是對國學有興趣，支持學校的袞袞諸公也都是有心人士，新式學校教育日漸西化，國粹將難傳承，所以創辦了這樣一個尚未立案的國學院，也未大張旗鼓正式掛牌招生，但聞風而至的要人子弟不少，校方也本著「有教無類」的原則施教，閻老師也是義務施教，他與隱居廬山的要人嚴立三先生也有交往。（抗日戰爭一開始嚴立三即出山任湖北省主席，諸閻老師任省政府秘書，此是後話。）同學中權貴子弟亦多，我雖不是當代權貴子弟，但九江先組玉公以提督將軍身分抵抗蒙古騎兵入侵雁門關戰死東昌(雁門關內北京以西縣名，一九九〇年我應邀訪問大陸四十天時去過。)而封河間王；其子輔公。以進士身分出仕，後亦應昭領兵三定交趾而封定興王；其子貞公亦有兵權，因受政客讒害而自嘉定謫居潯陽。大詩人白居易亦曾謫爲江州司馬，我另一筆名即用江州司馬。我是黃帝第五子揮的後裔，他因善造弓箭而賜姓張。遠祖張良是推薦韓信爲劉邦擊敗楚霸王項羽的漢初三傑之首。他有知人之明，深知劉邦可以共患難，不能共安樂，所以悄然引退，作逍遙遊，不像韓信爲劉邦拚命打天下，立下汗馬功勞，雖封三齊王卻死於未央宮呂后之手。這就是不知進退的後果。我很敬佩張良這位遠祖，抗日戰爭初期（一九三八）我爲不作「亡國奴」，即輾轉赴臨時首都武昌以優異成績考取軍校，一位落榜的姓熊的同學帶我們過江去漢口。中共未公開招生的「抗日大學」（當時國共合作抗日，中共在漢口以「抗大」名義吸收人才。）辦事處參觀，接待我們的是一位讀完大學二年級才貌雙全，口才奇佳的女生獨對我說負責保送我免試進「抗大」一期，因未提其他同學，我不去。一年後我又在軍校提前一個月畢業，因我又考取陪都重慶中央政府培養高級軍政幹部的中央訓練團，而特設的新聞「新聞研究班」第一期，與我同期的有爲新詩奉獻心力的覃子豪兄（可惜五十二歲早逝）和中央社東京分社主任兼國際記者協會主席的李嘉兄。他在我訪問東京時曾與我合影留念，並親贈我精裝《日本專欄》三本。他七十歲時過世，這兩張照片我都編入「全集」一百九十多萬字的空前大長篇小說（紅塵）照片類中。而今在台同學只有兩位了。

民國二十八年（一九三九）九月我以軍官、記者雙重身分，奉派到第三戰區最前線的第三十二集團軍上官雲相總部所在地，唐宋八大家之一，又是大政治家王安石，尊稱王荊公的家鄉臨川，（屬撫州市）作軍事記者，時年十九歲，因第一篇戰地特寫《臨川新貌》經第三戰區長官都主辦的行銷甚廣的《前線日報》發表，隨即由淪陷區上海市美國人經營的《大美晚報》轉載，而轉爲文學創作，因我已意識到新聞性的作品易成「明日黃花」，文學創作則可大可久，我爲了寫大長篇《紅塵》、六十四歲時就請求提前退休，學法出身的秘書長何宜武先生大惑不解，他對我說：

「別人想幹你這個工作我都不給他，你爲什麼要退？」我幹了十幾年他只知道我是個奉公守法的張萬熙，不知道我是「作家」墨人，有一次國立師範大學校長劉真先生告訴他張萬熙就是墨人，劉校長看了我在當時的「中國時報」發表的幾篇有關中國文化的理論文章，他希望我繼續寫，劉校長真是有心人。沒想到他在何宜武秘書長面前過獎，使我不能提前退休，要我幹到六十五歲多四個月才退了下來。現在事隔二十多年我才提這件事。鼎盛時期的（台灣新生報）連載四年多的拙作《紅塵》出版前三冊時就同時獲得新聞局著作金鼎獎和嘉新文化基金會「優良著作獎」，劉真校長也是嘉新文化基金會的評審委員之一，他一定也是投贊成票的。「世有伯樂而後有千里馬」。我九十二歲了，現在經濟雖不景氣，但我還是重讀重校了拙作「全集」我一向只問耕耘，不問收穫，我歷任軍、公、教三種性質不同的職務，經過重重考核關卡，寫作七十三年，經過編者的考核更多，我自己從來不辦出版社。我重視分工合作。我頭腦清醒，是非分明，歷史人物中我更敬佩遠祖張良，不是劉邦。張良的進退自如我更歎服。在政治角力場中要保持頭腦清醒，人性尊嚴並非易事。我們張姓歷代名人甚多，我對遠祖張良的進退自如尤爲歎服，因此我將民國四十年在台灣出生的幼子依譜序取名選良。他早年留美取得化學工程博士學位，雖有獎學金，但生活仍然艱苦，美國地方大，出入非有汽車不可，這就不是獎學金所能應付的，我不能不額外支持，他取得化學工程博士學位與取得材料科學碩士學位的媳婦蔡傳惠雙雙回台北探親，且各有所成，幼子曾研究生產了飛機太空船用的抗高溫的纖維，媳婦則是一家公司的經理，下屬多是白人，兩孫亦各有專長，在台北出生的長孫是美國南加州大學的電機碩士，在經濟不景氣中亦獲任工程師，我不要第三代走這條文學小徑，是現實客觀環境的教訓，我何必讓第三代跟我一樣忍受生活的煎熬，這會使有文學良心的人精神崩潰的。我因經常運動，又吃全素二十多年，九十二歲還能連寫四、五小時而不倦。我寫作了七十多年，也苦中有樂，但心臟強，又無高血壓，一是得天獨厚，二是生活自我節制，我到現在血壓還是60－110之間，沒有變動，寫作也少戴老花眼鏡，走路仍然「行如風」，十分輕快，我在國民大會主編《憲政思潮》十八年，看到不少在大陸選出來的老代表，走路兩腳在地上蹉跎，這就來日不多了。個人的健康與否看他走路就可以判斷，作家寫作如在八十歲以後還不戴老花眼鏡，沒有高血壓，長命百歲絕無問題。如再能看輕名利，不在意得失，自然是仙翁了。健康長壽對任何人都很重要，對詩人作家更重要。

一九九〇年我七十歲應邀訪問大陸四十天作「文學之旅」時，首站北京，我先看望已九十高齡的老前輩散文作家，大家閨秀型的風範，平易近人，不慍不火的冰心，她也「勞改」過，但仍心平氣和。本來我也想看看老舍，但老舍已投湖而死，他的公子舒乙是中國現代文學館的副館長，他也出面接待我，還送了我一本他編寫的《老舍之死》，隨後又出席了北京詩人作家與我的座談會，參加七十賤辰的慶生宴，彈指之間卻已二十多年了。我訪問大陸四十天，次年即由台北「文史哲出版社」出版照片文字俱備的四二五頁的《大陸文學之旅》。不虛此行。大陸文友看了這本書的無不驚異，他們想不到我七十一高齡還有這樣的快筆，而又公正詳實。他們不知我行前的準備工作花了多少時間，也不知道我一開筆就很快。

我拜會的第二位是跌斷了右臂的詩人艾青，他住協和醫院，我們一見如故，他是浙江金華人，卻體格高大，性情直爽如燕趙之士，完全不像南方金華人。我們一見面他就緊握著我的手不放，侃侃而談，我不知道他編《詩刊》時選過我的新詩。在此之前我交往過的詩人作家不少，沒有像他如此豪放真誠，我告別時他突然放聲大哭，陪我去看他的北京新華社社長族侄張選國先生，陪我四十天作《大陸文學之旅》的廣州電視台深圳站站長高麗華女士，文字攝影記者譚海屏先生等多人，不但我為艾青感傷，陪同我去看艾青的人也心有戚戚焉，所幸他去世後安葬在八寶山中共要人公墓，他是大陸唯一的詩人作家有此殊榮。台灣單身詩人同上校軍文黃仲琮先生，死後屍臭才有人知道，他小我二歲，如我不生前買好八坪墓地，連子女也只好將我兩老草草火化，這是與我共患難一生的老伴死也不甘心的，抗日戰爭時她父親就是我單獨送上江西南城北門外義山土葬的。這是中國人「入土為安」的共識。也許有讀者會問這和文學創作有什麼關係？但文學創作不是單純的文字工作，而是作者整個文化觀、文學觀，人生觀的具體表現，不可分離。詩人作家不能「瞎子摸象」，還要有「舉一反三」的能力。我做人很低調。寫作也不唱高調，但也會作不平之鳴、仗義直言。我不鄉愿，我重視一步一個腳印，「打高空」可以譁眾邀寵於一時，但「旁觀者清」，讀者中藏龍臥虎，那些不輕易表態的多是高人。高人一旦直言不隱，會使洋洋自得者現出原形。作品一旦公諸於世，一切後果都要由作者自己負責，這也是天經地義的事。

我寫作七十多年無功無祿，我因熬夜寫作頭暈住馬偕醫院一個星期也沒有人知道，更不像大陸的當代作家、詩人是有給制，有同教授的待過，而稿費、版稅都歸作者所有。依據民國九十八年一月十日「中國時報」A十四版「二〇〇八年中國作家富豪榜單」二十五名收入人民幣的數字統計，第一高的郭敬明一年是一千三百萬人民幣，第二名鄭淵潔是一千一百萬人民幣，第三名楊紅櫻是九百八十萬人民幣。最少的第二十五名的李西閩也有一百萬人民幣，以人民幣與台幣最近的匯率近一比四・五而言，現在大陸作家一年的收入就如此之多，是我一九九〇年應邀訪問大陸四十天作文學之旅時所未想像到的，而現在的台灣作家與我年紀相近的二十年前即已停筆，原因之一是發表出版兩難，二是年齡太大了。民國九十八年（二〇〇九）以前就有張漱菡（本名欣禾）、尹雪曼、劉枋、王書川、艾雯、嚴友梅六位去世，嚴友梅還小我四、五歲，小我兩歲的小說家楊念慈則行動不便，鬍鬚相當長，可以賣老了。我托天佑，又自我節制，二十多年來吃全素，又未停止運動，也未停筆，最近在台北榮民總醫院驗血檢查，健康正常。我也有我的養生之道，每天吃枸杞子明目，吃南瓜子抑制攝護腺肥大，多走路、少坐車，伏案寫作四、五小時而不疲倦，此非一日之功。

民國九十八（二〇〇九）己丑，是我來台六十周年，這六十年來只搬過兩次家，第一次從左營搬到台北大直海軍眷舍，在那一大片天主教白色公墓之下，我原先不重視風水，也無錢自購住宅，想不到鄰居的子女有得神經病的，有在金門車禍死亡的，大人有坐牢的，有槍斃的，也有得神經病的，我退役養雞也賠光了過去稿費的積蓄，讀台大外文系的大兒子也生病，我則諸事不順，直到搬到大屯山下坐北朝南的兩層樓的獨門獨院自宅後，自然諸事順遂，我退休後更能安心寫作，遠離台北市區，真是「市遠無兼味，地僻客來稀。」同里鄰的多是市井小民，但治安很好，誰也不知道我是爬格子的，連警察先生也不光顧舍下，除了近十年常有人打電話來騙我，幸未上大當外，我安心過自己的生活。當年「移民潮」去不了美國的也會去加拿大，我是「美國人」的祖父，我不移民美國，更別說去加拿大了。娑婆世界無常，早年即移民美國的琦君（本名潘希真）、彭歌，最後還是回到台灣來了，這不能說台灣是「天堂」，以我的體驗而言是台北市氣候宜人，夏天三十四度以上的日子少，冬天十度以下的日子也很少，老年人更不能適應零度以下的氣溫，我只有冬天上大屯山、七星山頂才能見雪。有高血壓、心臟病的老人更不能適應。我不想做美國公民，做台灣平民六十多年，也沒有自卑感。

娑婆世界是一個無常的世界，天有不測風雲，人有旦夕禍福，老子早說過：「福兮禍所倚，禍兮福所伏。」禍福無門，唯人自招。我一生不起歪念，更不損人利己，與人爲善。雖常吃暗虧，只當作上了一課。這個花花世界是我學不完的大教室，萬丈紅塵其中也有黑洞，我心存善念，更不造文字孽，不投機取巧，不違背良知，蒼天自有公斷，我本著文學良心寫作，盡其在我而已，讀者是最好的裁判。

民國一〇〇年（二〇一一）辛卯七月二十九日下午六時二十三分於紅塵寄廬

1951 年墨人 31 歲與夫人曾麗春女士（30 歲）結婚十周年紀念合影於左營

墨人博士七十壽辰與夫人曾麗春女士合影。此照為大翻譯家、文學理論家黃文範先生所攝，並在照片背後題「南山北海惟仁者壽」。

民國二十九年（1940）作者墨人在江西南城戎裝照。

1939 年墨人即自戰時陪都四川重慶奉派至江西臨川王安石家鄉，第三戰區前線任軍事記者創辦軍報，提供抗日官兵精神食糧。時年 19 歲。

2010 年「五四」作者墨人 91 歲在花蓮和南寺家人合影

2003 年 8 月 26 日作者墨人（中）在含鄱口觀山景點與
作者長女韻華、長子選翰、三女韻湘、二女韻真合影。

2005 年 2 月作者次子選良（右一）回台北與父（右二）及
作者夫人（中）三女韻湘（左二）二女韻真（左一）合影。

作者墨人在書房留影，時年八十五歲。

《墨人博士大長篇小說〈紅塵〉法文譯本封面照片》

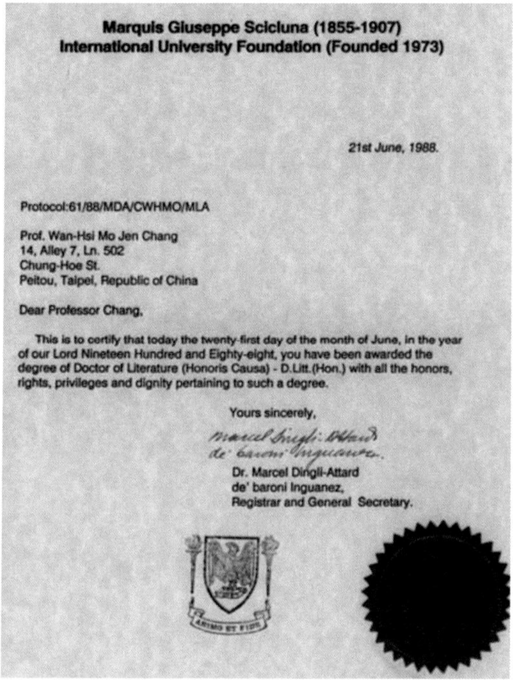

Marquis Giuseppe Scicluna (1855-1907)
International University Foundation (Founded 1973)

21st June, 1988.

Protocol:61/88/MDA/CWHMO/MLA

Prof. Wan-Hsi Mo Jen Chang
14, Alley 7, Ln. 502
Chung-Hoe St.
Peitou, Taipei, Republic of China

Dear Professor Chang,

This is to certify that today the twenty-first day of the month of June, in the year of our Lord Nineteen Hundred and Eighty-eight, you have been awarded the degree of Doctor of Literature (Honoris Causa) - D.Litt.(Hon.) with all the honors, rights, privileges and dignity pertaining to such a degree.

Yours sincerely,

Dr. Marcel Dingli-Attard
de' baroni Inguanez,
Registrar and General Secretary.

1988 年美國馬奎士國際大學基金會，授予張萬熙墨人教授榮譽文學博士學位證書。

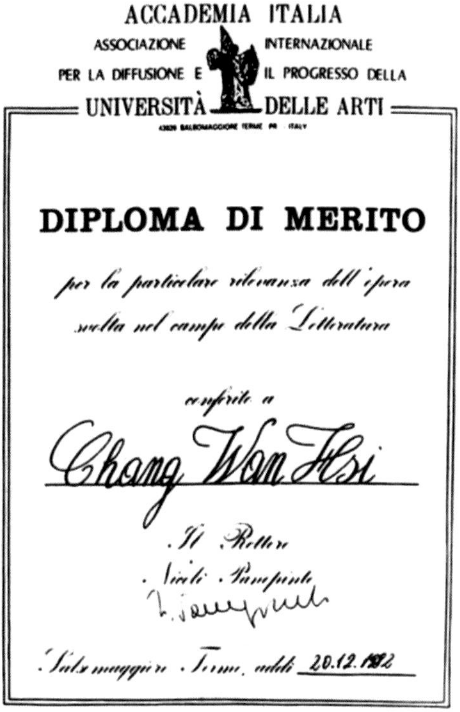

ACCADEMIA ITALIA
ASSOCIAZIONE INTERNAZIONALE
PER LA DIFFUSIONE E IL PROGRESSO DELLA
UNIVERSITÀ DELLE ARTI

DIPLOMA DI MERITO

per la particolare rilevanza dell'opera
svolta nel campo della Letteratura

conferito a

Chang Wan Hsi

Il Rettore
Nicola Pampinto

Salsomaggiore Terme, addì 20.12.1982

義大利出版英、法、德、義四種文字的「國際文學史」的 ACCADEMIA ITALIA, 1982 年授予墨人的文學功績證書。

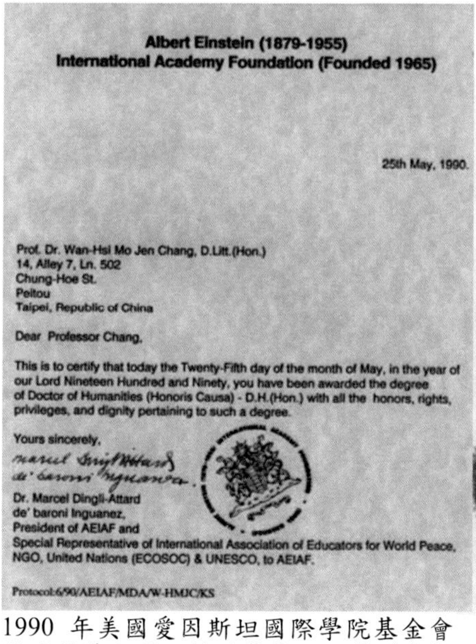

Albert Einstein (1879-1955)
International Academy Foundation (Founded 1965)

25th May, 1990.

Prof. Dr. Wan-Hsi Mo Jen Chang, D.Litt.(Hon.)
14, Alley 7, Ln. 502
Chung-Hoe St.
Peitou
Taipei, Republic of China

Dear Professor Chang,

This is to certify that today the Twenty-Fifth day of the month of May, in the year of our Lord Nineteen Hundred and Ninety, you have been awarded the degree of Doctor of Humanities (Honoris Causa) - D.H.(Hon.) with all the honors, rights, privileges, and dignity pertaining to such a degree.

Yours sincerely,

Dr. Marcel Dingli-Attard
de' baroni Inguanez,
President of AEIAF and
Special Representative of International Association of Educators for World Peace, NGO, United Nations (ECOSOC) & UNESCO, to AEIAF.

Protocol:6/90/AEIAF/MDA/W-HMJC/KS

1990 年美國愛因斯坦國際學院基金會授予張萬熙墨人教授榮譽人文學（含哲學文學藝術語言四種）博士學位

WORLD UNIVERSITY ROUNDTABLE
In Corporate Affiliation with the World University
Greetings
In recognition of Distinguished Achievement within the principles and purposes of the World University development, the Trustees of the Corporation, upon the nomination of the Secretariat, confer doctoral membership and this honorary award upon
Chang Wan-Hsi (Mo Jen)
The Cultural Doctorate in Literature
with all rights and privileges there to pertaining.

Witness our hand and seal at the International Secretariat
Regional Campus, Benson, Arizona
April 17, 1989

President of the Board of Trustees
Secretary of the Board of Trustees

1989 年美國世界大學授予張萬熙墨人榮譽文學博士學位，文化大學創辦人張其昀（曉峰）先生亦獲此榮譽。

THIS PICTORIAL TESTIMONIAL OF ACHIEVEMENT AND DISTINCTION proclaims throughout the world that

DR. CHANG WAN-HSI (MO JEN)

is the recipient of the above-mentioned Honour, granted by the Board of Editors of the

2000 OUTSTANDING SCHOLARS OF THE 20TH CENTURY

meeting in Cambridge, England, on the date set out below, AND that the Board also resolves that a portrait photograph of

DR. CHANG WAN-HSI (MO JEN)

be attached to this Testimonial as verification of the Honour bestowed.

2000 OUTSTANDING SCHOLARS OF THE 20TH CENTURY

First Edition

Signed and sealed on the 14th December 1999

Authorized Officer

1999年10月張萬熙墨人博士榮登英國劍橋國際傳記中心《二十世二千位傑出學者》第一版證書。

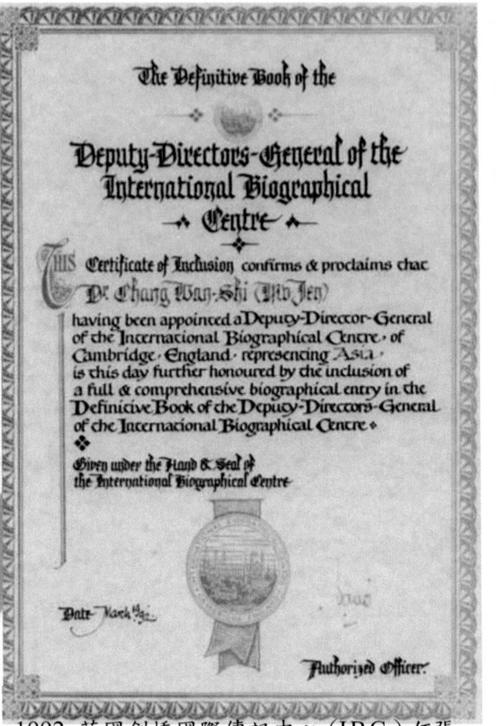
The Definitive Book of the Deputy-Directors-General of the International Biographical Centre

THIS Certificate of Inclusion confirms & proclaims that Dr Chang Wan-Shi (Mo Jen) having been appointed a Deputy-Director-General of the International Biographical Centre, of Cambridge, England, representing Asia, is this day further honoured by the inclusion of a full & comprehensive biographical entry in the Definitive Book of the Deputy-Directors-General of the International Biographical Centre.

Given under the Hand & Seal of the International Biographical Centre

Date March 1992

Authorized Officer

1992 英國劍橋國際傳記中心（I.B.C.）任張萬熙墨人博士為代表亞洲的副總裁。

THE INTERNATIONAL SHAKESPEARE AWARD FOR LITERARY ACHIEVEMENT

This Illuminated Certificate of Merit commemorates and celebrates the life and work of

Dr. Chang Wan-Hsi (Mo Jen) DDG

and is therefore a rightful recipient of the Shakespeare Award for Literary Achievement and as such stands testament to the efforts made by said individual in the arena of

Poetry, Novels and the Humanities

Witnessed on the date set out below by the Officers of the International Biographical Centre at its Headquarters in Cambridge, England and signed by the Director General and Editor-In-Chief.

16th March 2009

Director General　Editor-In-Chief

2009年3月16日英國劍橋國傳記中心總裁與總編輯聯合授予張萬熙墨人博士國際莎士比亞文學成就獎。

International Biographical Centre Cambridge CB2 3QP England
Telephone: +44 (0) 1353 646600 Facsimile: +44 (0) 1353 646601

IBC

REF : LAA/MED/MW-13640

13 November 2002

Dr Chang Wan-Hsi (Mo Jen) DDG
14 Alley 7, Lane 502
Chung Ho Street
Peitou
Taipei
Taiwan

Dear Dr Chang

Please find enclosed the Medal in respect of the **Lifetime Achievement Award** which I hope meets with your approval.

Yours sincerely

MICHELLE WHITEHALL
Personal Assistant to the Director General

Enc

英國劍橋國傳記中心(I.B.C.)2002年頒發詩人作家張萬熙（墨人）博士終身成就獎，英文信及金牌正反面照片墨人早年即被I.B.C.推選為副總裁。

墨人博士作品全集

魔障

目次

附 錄

前記

[redacted]

愛情與婚姻是人生當中最不容易處理的嚴重問題，有情人不一定都能成爲眷屬，而成爲眷屬的更不見得都是佳偶，平常我們好像可以看到很多幸福的婚姻，但事實上並不盡然，我所寫的這部「魔障」也許可以說明千百個婚姻與愛情悲劇中的一個。

我寫這部書的動機遠在十年之前，動手寫作也在半年之前，但只寫下五千字我就自動擱筆了。因爲照那樣寫下去一定會招來[redacted]的[redacted]，甚或像「包法利夫人」一樣引起[redacted]麻煩。而事實上男女主角的荒唐怪誕是遠在我們想像之外的。就他們的故事本身來講，是[redacted]沒有一寫的價值，但[redacted]這兩位主角[redacted]們確是我們這個社會中不可多見的[redacted]人物。爲了想寫下這兩個典型，我不得不重新提筆，不得不把他們的[redacted]，在故事的安排、穿插、結構方面自然有些出入，這是毋須詳加說明的了。

對於男女主角讀者也許會有所愛憎，而我[redacted]只是客觀地把握住他們的性格，[redacted]。假如這本書寫得還不太失敗的話，那我要在這裡感謝男女主角[redacted]的特殊個性，尤其是男主角給予我寫作方面的許多方便。

在這裡我所向讀者提供的是問題的本身，是人性的暴露，希望聰明的讀者自己知所抉擇。這雖然是一個與我自己無關的悲劇，而我寫時作的心情却並不輕鬆。在這裡我所[redacted]

求造物者少給我們製造一點悲劇，也祈求讀者朋友們自己慎重，更祝福男女主角早點找到一條正確的生活軌道。過去的讓它像昨天一樣地過去算了，每一個人都有弱點，能夠克服弱點的就是聖賢。[redacted]，我也不是用這本書來向任何人說教，但是我樂於與人為善，我寫這本書的用意在此。

四四、五、一二、左營初稿。

四六、六、一〇、台北定稿。

民國九十六年二〇〇七二月二十三日

重新校

魔障

講詩經窈窕淑女
蕙章題手冊浪子悔迷

墨人著

當胡野禪忽然瞥見一個外披霞紅大衣，內穿陰丹士林旗袍，約莫二十五六歲的女人悄悄地坐在禮堂的一角，靜靜地傾聽他講「詩經研究」時，[redacted]他的臉色馬上紅一陣白一陣，[illegible]彷彿覺得脚下的地板也在震動，整個禮堂也在東搖西幌，除了她一個人格外顯明奪目之外，其餘的三四百位男女聽衆都是糢糢糊糊的。他也奇怪他今天怎麼會這麼沉不住氣？他是在女人堆裡打過滾來的。往常，對於任何初見面的女性也都沒有這麼激動過，怎麼今天竟像着了魔？他迅速地掏出手絹揉揉兩隻眼睛再機敏地注視她一眼，他這纔知道這是他從來沒有見過的女性！她那一頭烏亮的長髮向下自然地披着，看樣子有幾個月沒有燙了，這樣更顯得自然洒脫；她的面型微長，皮膚白細而潤澤，下顎微尖，鼻子挺直瘦削，嘴形恰像一個半月形，左邊嘴角下還有一顆黃豆大小的黑痣，離痣不遠的部位又有一個圓圓的酒渦，不笑的時候也能明顯地看出來，這幾部份湊合起來自然地顯出一種罕見的俏皮和揶揄神氣；她的兩道柳眉秀而長，眉尾還微微地向上昂揚着，她那兩隻漆亮的眼睛眞像黑夜裡突破烏暗的雲層的兩顆閃亮的星星，勇敢地窺探着黑暗的人間，同時也充滿着稚氣和蠱惑。當他注視她的這一瞬時，她那兩隻亮晶晶的眼睛也正向他注視着，他們的目光忽然相遇時她一點也不畏縮迴避，她反而好奇地向他探索，他也貪婪地望了她一眼，然後再裝作揩汗的樣子繼續講下去，而且愈講愈起勁，口齒特別清晰，聲音也特別響亮，他向來不會輕易地放過一次自我宣傳的機會，尤其是在女性面前。

當他講完的時候禮堂裡馬上響起一陣熱烈的掌聲，他望見她也在鼓掌，他臉上立刻浮起一種難以掩飾的喜悅的微笑。這時校長過來陪着他慢慢地走下講台，同時也有些男女教員走過來和他握手致敬，他看見她也向他走過來心裡已經十分高興，等她一走近他就先伸出手去把她剛從大衣口袋裡伸出來的纖秀的手緊緊地握着，並且自我介紹起來。

校長看見胡野禪自我介紹了就指着她向胡野禪說：

「這位是張嫱女士，是教高級中畢業班的文史的。」

「好極了！」胡野禪馬上裂開大嘴巴嬉笑着：「那我們還是同行呀！我也是教文史的。」

張嫱不馬上回答他，她先向他全身上下打量了一下，看他這一身軍服分明是個丘八，他能把詩經講得頭頭是道已經够奇怪了，怎麼他也教文史？究竟是在那兒教書的？這使她更有點莫明其妙了。

「是的，胡先生過去和我是大學裡的同事，文史是他的本行。」校長看見張嫱有點奇怪，馬上解釋一番。

「王校長和我是K大的老同事，因爲我在K大開的是詩經，楚辭，文心雕龍這幾門課，所以這次承他好意約我來貴校講詩經，我也就冒昧地答應了下來，講得不好還請張小姐多多指敎。」胡野禪一方面是自我吹噓，一方面又在張嫱面前客套一番。

「那麼胡先生現在是——？」張嫱望着他一身軍服似笑非笑地說。

「我這人很亂，」胡野禪笑着說：「現在是丘八了。」

「他現在做了官，是上校副主任了。」王校長指着胡野禪領章上的四條槓說。

「走，我們到會客室去談談。」張嫱忽然把胡野禪一拉，和他大搖大擺地向會客室走去，撇開王校長和許多同事站在那兒睜着眼睛發楞。

「想不到你這副長相肚子裡倒藏了不少貨色！」張嫱和胡野禪略微談了一段國風之後就這麼率直

地說。

「奇怪吧？」胡野禪並不以張嬙這句話不禮貌，反而笑着說：「我就是這副尊容長得不大高明。」

張嬙聽了咯咯地笑了起來，同時望着他讚賞地說：

「你這人倒頂坦白！」

「就是沒有什麼學問。」胡野禪嬉笑着說。

「說實話，我起先聽說我們的校長請了一位丘八來講詩經我還以為他發神經病，所以在上一堂課我根本沒有去聽，下課後聽同事們說你講得不錯，我這才抱着騎着驢子看唱本的心情[redacted]去聽聽，想不到你倒眞有一手！」張嬙手舞足蹈地說着，又咯咯地笑了起來。

「我是胆大臉皮厚，胡扯一通。」

「可也要有一點兒眞材實料，肚子裡沒有貨色扯也扯不上來。」張嬙幌着肩膀在房子裡走來走去，然後又停在胡野禪的面前向他讚賞地一笑。

「你是行家，我這叫做班門弄斧。」胡野禪是最會捧女人的，他故意捧張嬙一下。

「不是我[redacted]說大話，我們這兒的男[redacted]實在沒有幾個[redacted]得懂詩經。」張嬙自負地說。

「妳不怕他們聽見嗎？」胡野禪望望窗外輕輕地提醒她。

「哈哈，」張嬙又笑了起來，右手在空中劃了幾劃，然後旁若無人地說：「我是沙鍋炒豆子，悶也悶不住的，聽見也好，沒聽見也好，誰管那一套？」

胡野禪原來就是一個玩世不恭的人，一向有點吊兒郎當，但驟聽張嬙這種話也不免一怔。他又重新打量她一下，那件棗紅大衣仍然隨便地披在身上，身材窈窕極了，也懶散極了。一臉孔無所謂的神氣，坐也坐不住，走起路來肩膀有點幌動，說起話來兩手又劃又指，人是爽快極了，可愛極了，就是有點難爲師表。看看她又想想自已，胡野禪也忍不住笑了起來。

「你笑什麼？」張嬙馬上問他。

「我看我們兩人犯了同樣的毛病。」胡野禪笑着說。

「什麼毛病？」張嬙偏着頭問。

「亂！」胡野禪裂開大嘴巴一笑。

張嬙聽了又咯咯地笑[redacted]了腰，然後抬起頭來盯着他問：

「我們兩人今天初次見面，這樣是不是有點冒昧？」

「這叫做一見如故。」他馬上接腔。

「嗯，」她點頭一笑：「我也是第一次碰見你這樣的人。」

說到這兒，王校長正打發工友來請胡野禪過去，張嬙馬上從手提皮包裡掏出一本小冊子往他面前一送：

「題幾個字兒如何？」

胡野禪一點不推辭，迅速地抽出鋼筆來又挑逗地看了她一眼，然後簌簌地寫下了這麼兩行字。

窈窕淑女

君子好逑

寫完之後，他扯起脚來就走，走了十來步路又回轉頭來向她一笑。她起先也有點怔忡，隨後也忍不住一笑：

「看他這副猴相，想不到倒是一個頗風趣的傢伙！」

第二章 眞小人原形畢露 放蕩女覩爲知音

這天夜晚張嬙在床上翻來覆去難以入睡，胡野禪的影子老是在她眼前幌來幌去。她一向是一個提得起放得下的人，別說很多女性沒有她這般豪爽洒脫，很多男性也自愧不如。怎麼今天竟爲了一個初見面的男人而弄得頭腦裡這麼亂糟糟的？如果自己沒有結婚那還情有可原，事實上現在已經是兩個孩子的媽媽了。爲了不屑於幹家庭瑣事，想在社會上和男人爭一日短長，她才到這個學校來教書的。想不到社會上竟有這麼多的麻煩？起先是一班男先生對她的不大信任，後來都經她以言語和事實粉碎了他們的輕視心理，並且使得他們服服貼貼，連正眼都不敢看她。想不到今天又碰上了胡野禪這個傢伙？論長相，這兒隨便那一位男先生都比他強，他既不高大，又瘦得像一隻猴子，大嘴巴，窄腦殼，一對眼睛老是左顧右盼，而且愛翻白眼，愛用眼角睃人，背還有點駝，這副樣子怎麼也說不上儀表堂堂的。可是論學問這傢伙可眞有幾手，那些男先生們實在沒有一個提得上他！論年齡現在頂多三十五六歲，但他早在大陸時期就當上教授了。論談吐那更是風趣無比，而且善揣人意，尤其使她驚奇的是他那種狂妄大胆，完全沒有一點道學家的面孔和正人君子的味道，這種性格簡直和她有九分相似，臨走時還題了那麼兩句詩句，眞是放肆大胆極了！

「這人眞亂！」她翻了一個身又自言自語：「我既不是什麼淑女，我看他也不是什麼正人君子，我們眞是一對大渾蛋。」

她想想自己也好笑起來。

很久以後，她纔迷迷糊糊地睡着了。

次日清早，她還在睡夢中，女工就跑來找她接電話，她睜開眼睛一看，太陽已經穿過紗窗，照到床舖上來了。她還有點懶懶地想睡，她隨口吩咐女工：

「妳就說我不在，回掉他好了。」說着又把身子躺下去，嘴裡還輕輕地嘀咕：「什麼鬼人這麼討厭？一大清早就打電話來囉哩囉嗦！」

「張老師，我已經回過他了，他說一定要妳接。」女工說。

「妳掛斷它不就得了！」她翻轉身來白了女工一眼。

「不成，我一掛斷他又搖個不停，鈴鈴鈴地吵死人。」女工無可奈何地說。

「妳問他是什麼人沒有？」她用左手撐着頭盯着女工說。

「他說是妳的好朋友。」女工囁嚅着：「他還警告我說，如果我不給他傳話，他見了妳和校長一定要對你們講把我開除掉。」

「討厭的東西！」她坐了起來，臉上有點惱怒：「妳問他姓什麼沒有？」

「問過了，」女工馬上回答：「好像是姓胡。」

她一骨碌地跳下床來，連忙穿好衣服，用手掠了幾下頭髮，就匆匆地跑過去接電話。

「喂，請問你是誰呀？」她拿起話筒問。

「我是野禪，」對方回答：「妳是張小姐嗎？」

「嗯，我是張嬙，有什麼事嗎？」

「今天是星期天，我沒有什麼事，我想妳也不會太忙，我請妳到『南國』吃早點，妳肯賞光嗎？」

她正在考慮怎樣回答，對方又講話了：

「好，就這樣決定吧，我在南國等妳，請妳立刻命駕。」

說完之後就咯的一聲把電話掛斷了。

她也只好把電話掛了，心裡好笑，嘴裡輕輕地罵了一句：

「這猴兒眞精靈古怪！」

回到房間之後她連忙梳洗完畢，臉上沒有搽粉，只在半月形的嘴唇上塗了塗唇膏，另外在箱子裡找出一件絳色旗袍和一件銀灰色的短外套換着穿了。然後又在桌上隨手取了一份畫報一份雜誌走了。走出房門之後又忽然回過頭來對女工說：

「阿銀，房間裡請妳整理整理。」

「張老師，妳的房間那天不是我整理的？」女工笑着說。

「唉，我這人眞糟！」她也向女工粲然一笑。

走出校門之後她的心情特別輕鬆愉快，外面的陽光簡直燦爛得有點耀眼，花兒也開得格外鮮艷，雖然沒有內地的春天那麼鳥聲喧鬧，但她自己心裡却充滿了歌聲，嘴裡也忍不住哼哼唱唱，她雖然已經結了婚，却還未失去那份少女的天眞，和與生俱來的那種放任。

一走到「南國」胡野禪早在門口候駕，他馬上伸出右手把她攬進去，她也沒有絲毫忸怩，反而像一位女王那麼雍容華貴。一坐定她就劈頭問他：

「你怎麼知道我就會來？」

「山人自有妙算。」他裂開大嘴巴一笑。

「我看你倒像野狐禪。」張嬙忽然正色地望着他。

他並不理她這一套，反而嬉皮笑臉地望着她說：

「榮幸之至！」

「不穢正果。」她故意輕蔑地白了他一眼。

「別這麼酸溜溜地吧，我是請妳來吃早點，不是請妳來說教的。」他向她翻了一下白眼，又把手一招，叫侍應生過來。

張嬙看見他這種吊兒郎當，完全不把她放在眼裡的樣子，反而覺得很有趣，她馬上向他一笑：

「你怎麼也認真起來了？我也不過是自己打老子勸別人行孝，捏着鼻子哄嘴巴。」

於是他們哈哈地大笑起來，弄得鄰座的客人都睜着眼望着他們兩人，侍應生也鵠立着莫明其妙。

「我看這兒有點『猪』多不便。」她笑着用食指蘸了點茶水在檯子上寫了一個「猪」字。

他看了又大笑起來，還一疊連聲地說：

「妙！妙！妙！有學問，有學問！」

「得了，」她笑着向他搖搖手：「可就是不能進入廟堂。」

「此之謂野狐禪也！」他湊過去向她輕輕地說。

於是他們兩人又哈哈大笑起來。

點心上來之後他們兩人就一面吃一面聊天，胡野禪講得很多，而且句句動聽，句句都打進張嬙的心坎。另外他又利用許多小動作向她表示殷勤，但做得不瘟不火，恰到好處。這頓早點張嬙吃得非常開心，她簡直把他當作世界上唯一的知音，自然他也覺得相見恨晚。

第三章 鬼道人情都不管 任性胡為罵大街

他們兩人感情進展之快眞是出人想像之外，第三天就出遊了。

這天張嫱加意修飾了一番，她本來生得眉目如畫，經過這一番修飾簡直變得像一位天仙了。她的身材[illegible]修長[illegible]，雖然生過兩個孩子，但比一般少女更窈窕，更風韻，那件天藍色長僅過膝的緞子旗袍與在她的身上再也合適沒有，不但身段顯得美，一雙玉腿也決不下於好萊塢頂兒尖兒的歌舞明星。胡野禪一看之後就笑嬉嬉地說：

「喲！眞是碩人其頎，衣錦褧衣。」說過之後就想伸過手來挽住她。

她看他那副輕佻樣子就本能地採取一種防禦措施，同時以一種暗示的口吻說：

「還有下文呢？」

「講出來就沒有什麼學問了。」他笑着搖搖頭又趁機挽住她。

「那[illegible]我唸給你聽吧！」她望着他說：「齊侯之子，衞侯之妻。」

「別假道學吧，誰不知道你有一個很好的家世？誰不知道妳是孫某人的太太？」他向她翻翻白眼，又猛力把她往自己身邊一拖（拉）。

她先向他一瞪眼，這是她過去對付一般糾纏她的男人的殺手鐧，那些男人看見她兩道柳眉一豎，杏眼一瞪，沒有一個不俯首貼耳規規矩矩的。可是胡野禪却滿不在乎，反而把她挽得更緊，同時笑嬉嬉地說：

「眞是手如柔荑，膚如凝脂，領如蝤蠐，齒如瓠犀，螓首蛾眉，巧笑倩兮，美目盼兮。」

她被他這一說反而噗哧一聲笑了起來，隨即罵了他兩句：

「我看你這人學問倒有點學問，就是一身墨魚骨頭。」

「假如我也是個道學夫子，妳不一腳把我踢出幾丈遠[redacted]才怪[redacted]！」他向她翻着白眼說。

他這一說竟逗得她[redacted]大笑[redacted]，隨後她又[redacted]忍住笑說：

「說實話，我就看不慣循規蹈矩的事，看不慣一板一眼的人，要哭就哭，要笑就笑，要鬧就鬧，為什麼要裝蒜呢？」

「好！吾道不孤。」他馬上[redacted]讚賞。

「嗨，這算什麼鬼道呢？」她說着又[redacted]笑了起來。

「管它是什麼鬼道人道？反正我就是這副猴相，妳看看是否順眼？」他[redacted]盯住她。

她看看他今天穿了一身[redacted]西服，還打了一個紅蝴蝶領結，總[redacted]算[redacted]紳士派頭，可是臉上却有一股[redacted]邪氣，舉動之間仍不免輕佻，比起她丈夫孫大慶來無論是體格，相貌都差的多，但「老孫」的「學問」可差得遠，他們兩人平日簡直無話可說，一談就不投機，不是她自己生氣就是老孫呼呼[redacted]入睡了。可是胡野禪却恰恰相反，他有學問而且健談，沒有一句廢話，句句投機，無論是學術上的問題，或是日常瑣事，他講起來總頭頭是道，還有許多獨到的見解，就是開玩笑也風趣橫生，他對任何人彷彿都有一股吸力，對[redacted]她好像[redacted]，即使面目可憎，她也覺得很難擺脫他。[redacted]的出遊來說，她心裡不知道說過多少「不」字，可是時間一到她又自動地赴約，她覺得和他談話眞是一種享受，一種幸福，這是「老孫」[redacted]不能給她的。

「我們還是談[redacted]吧。」她笑[redacted]說。

「好，談學問就談學問吧。」他[redacted]笑[redacted]。其實他心裡早有打算，他有征服一切的慾望，尤其具有征服任何女性的邪惡慾望。凡是一般人認為得不到手的東西他非弄到手不可，但一到手之後任何珍貴的東西他也會棄之如敝屣的。他這種怪性格可以說是與生俱來的，也可以說是後天培養的，因為他很小就死了父母，又不得叔伯的喜愛，不到十歲就當學徒，以後由於他超人的智慧和意外的機遇，他竟半工半讀地讀完了大學，他又不是在一個學校讀下去，也不是一班一班地讀下去的，他讀了很多學校，升學也是三級跳，可以說他是一個自己奮鬥成功的人。也正因為如此，他目空一切，他看不起庸碌的男人，也看不起平凡的女人，她對張嬙之所以發生濃厚的興趣，是因為她有攝人心魂的美麗，二是她個性特殊，出人意外，所以一看見她心裡就想獲得她。他也知道自己不夠紳士氣派，但他在情場上總是一個勝利者。張嬙的話他並不在意，他心裡想：「反正妳跑不掉。」

果然，不但這天她沒有跑掉，以後又陪他一連放蕩了兩天，這三天來他們眞是形影不離，她是完全被他征服了。本來她就是一個任性的女人，現在更不能控制自己，她完全迷亂了。

他們這幾天的荒唐行為，雙方主管似已略有所聞，起先曾互通電話查詢他們兩人的下落，瞞彼此注意，後來雙方都有微詞，鬧的不大愉快，張嬙回來之後校長曾把對方主管質詢的情形透露給她聽，同時也教訓了她幾句，她把一肚皮氣都發到胡的主管身上去，她氣冲冲地說：

「關他什麼事？混蛋！我去找他問個清楚明白。」說過之後又氣冲冲地走了，校長只好對着她搖頭。

跑到胡野禪的機關裡她大聲大氣地問：

「誰是主任？我找他！」

那位主任聽見一個女人氣冲冲的聲音就從他的小辦公室踱了出來，輕輕地說：

「我是主任，請問您找我有什麼事？」

她看見這位主任尖嘴刮腮小頭小腦，小個子，心裡更加無名火起，劈頭就罵：

「你是什麼東西？你敢打電話到我學校去破壞我的名譽？問我要人？誰賣了你什麼人？誰騙了你什麼人？你快點講個明白！」

這位主任看見她詞鋒銳利，威而不潑，又加上美艷絕倫，再看看自己這模樣先就矮了三分。他本來是胡野禪最要好的同學，胡野禪也事先把這件事告訴過他，並且把她描繪過一番，他知道他是遇着什麼人了？於是他抓抓後腦殼，連忙陪着笑臉說：

「對不起，張小姐，妳誤會了，請到裡面坐坐，有話好講。」

他一面說一面把她引到胡野禪的房間裡來，胡野禪正蒙着頭在一張行軍床上呼呼大睡，她並不知道這是誰的房間，一走進去她又大聲質問那位主任：

「你講，你為什麼打電話到我學校裡去破壞我的名譽？」

那位主任被追問得面紅耳赤，囁嚅着說不出話來，只是「小姐……小姐……」地搓着手。

「小姐，小姐，誰是你的小姐！」她毫不客氣地指斥他，她的氣勢把他完全懾服了，她審問似的追問：「你快點說個明白！你為什麼破壞我的名譽？」

那位主任正在張惶失措的當兒胡野禪忽然醒了，他把被子一掀，睜着惺忪的眼睛坐了起來，那位主任看見胡野禪彷彿得了救星似的，連忙說：

「好，這是你們的事，我不管。」

張嬙一肚皮氣還沒有出呢，一看見胡野禪就抓起桌上一隻茶杯，連茶帶杯向他扔過去：

「看你那副猴相！」

那位矮小的主任看見她這種舉動駭得連忙抱頭鼠竄出來，胡野禪淋了一頭一臉的茶水也清醒了許多，一面用襯衣袖子抹臉一面急着說：

「唉唉！妳怎麼到這裡來胡鬧？」

「誰胡鬧？是你們這位好主任！」說着她又隨手把手提包向他摔過去，一下打中了他的腦殼，他喲了一聲頹喪地睡下去了。不知道是恨是愛？她馬上瘋狂般地向他撲去，伏在他的胸前哭了起來。

回來之後她在日記簿上這樣記了幾筆：

「這幾天我眞有點暈頭暈腦，剛才又出去打架罵大街，鬧得鷄犬不寧，其人雖爲主管，却無半點軍人氣概，無聊之至！」

第四章　知己忠言入馬耳　舉頭轉向借東風

自從她把這件事情鬧開之後，不免人言嘖嘖，胡野禪的那位同學長官受了張嬙的一頓委屈之後也好好歹歹地勸了他一頓，叫他少和她來往，以免日後惹出麻煩。此後一發現他出去就暗地跟踪，這樣一來胡野禪只好答應檢束行動，但心裡總是煩躁不安，因此一天最少要捎封把信給她。張嬙呢？她心裡更矛盾，更迷亂，她把這幾天來的遭遇也着實檢討了一番，她在心理上正發生了一種最激烈的衝突鬥爭，她很少回他的信，只把這種內心的苦悶一點一滴地記在日記上。

我一生不動眞感情，對老孫向無二意，遇胡後竟不能自拔，痛苦，痛苦，痛苦。

午睡正酣，下女忽送來一信，急拆閱，係胡送來七言詩一首，小令兩闋，言短情深……

余常以寬懷名士自命，遇事當斷卽斷，絕無拖泥帶水之譏，但於此君則無主意，不如早日歸去爲妙。

此六日情誼除詩書外皆爲瘋話！

余現爲有夫之婦，並有子女，無論在事實上環境上皆不宜再作非非之想。

球賽中見胡，遙遙相對，未及一語，惜去淸減許多，但眉宇間淘氣去盡，淸秀本色始露，反而對他更加愛好起來，此一段孽緣不知何日了結？

數日不見却如幾易寒暑，思之迷惘，何況溺如此？緣耶？孽耶？盼着能有信來聊解相思意吧，最好信裡能給我澆上一頭冷水，免得迷糊！

現在口也未漱，臉也未洗，不知時爲何日？君不在前就風鬟雲鬢又有何用？反不如蓬頭垢面心裡痛快！

想寫信又恐下筆不能自休，傳爲笑柄，不寫信又無以自解，眞不知將來如何結局？是好還是壞？

中午接一信，詞藻華麗，文思暢達，極盡敍情之能事。傍晚又接書一冊，並夾信一封，相思之意躍然紙上，爲之惻然不已！

一天晚上她正在寫日記時，過去是她的同學閨友，現在又是同事的劉淑嫺忽然竄了進來。要是別人會馬上把日記闔起來，可是她和淑嫺的情感太好，又知道她是一個冰清玉潔守口如瓶的人，所以不便把日記闔上，她只站起來招呼她坐下。淑嫺一坐定就親切地說：

「我看妳這幾天瘦了很多！」

「唉，我也是暈了頭。」她[illegible]嘆了口氣。

「阿嬙，這幾天外面對妳有些閒言閒語，妳知道嗎？」淑嫻很婉轉地問她。

「管它的！若要人不知，除非己莫爲。」張嬙懶散地說。

「話不是這麼說，妳[illegible]是結過婚的人了。」淑嫻溫存地勸告她。

「大姐，[illegible]我又有什麼辦法？」她在房間裡踱起步來：「我心裡亂得很。」

「難道妳和那個姓胡的？……」淑嫻講到這裡就止住了。

她向淑嫻點點頭。

「唉！阿嬙，妳已經鑄成大錯了！」淑嫻惋惜地說：「孫只是不愛講話，人倒老實可靠，那個姓胡的只會油嘴滑舌，我看不是個正人君子。」

「這我知道，」張嬙停在淑嫻的面前說：「問題是我和老孫結婚幾年，生活當中就沒有一點情趣，可是和胡對禪只要談幾句話就够我快活一輩子。」

「本來妳和孫結婚的時候我就有一種不太好的預感，因爲你們的個性完全不同，妳好奇，豪放，任性；他拘謹，沉默，安分；妳是學文史的，他是學工程的，志趣也完全不同。那時妳既決定和他結婚，我也不便阻止。同時我也有另外一個想法，我以爲他也許能改變妳的個性，那不很好嗎？誰知道現在竟……」

「大姐，別再說了！」她向淑嫻搖搖手說：「怪只怪那時局勢太紊亂，不能讓我從容考慮。」

「話說回來，如果不是孫，我們都不能到台灣來。」淑嫻說。

「當然，這點我很感謝老孫。」她爽快地說。

「但是現在妳敎我怎樣對孫說呢？妳又是我介紹來的。」淑嫻皺眉苦臉地說。張嬙到這兒來敎書完全是她介紹的，因爲張嫱一再寫信給她說這樣在家裡就下去眞會悶死，連一個談話的對象都沒有，那怎麼行呢？而最使淑嫻躭心的是她這句話：「再這樣就下去，我眞會和老孫鬧翻！」淑嫻深知她的個性，因此費了不少力氣才把她介紹過來敎書，原來是希望她改變一下環境對於他們夫妻情感可能會有好處，沒想到現在竟出了這麼大的亂子？她怎不爲難呢？

「大姐，好漢做事好漢當，這件事我决不使妳爲難。」張嫱挺挺胸昂昂頭說。

「阿嫱，話不是這麼說，我對妳和孫負有道義上的責任，何况我們情同姊妹？」淑嫻握着張嫱的手深情地說。

「妳對我的好意我還會不知道嗎？」張嫱把頭湊近淑嫻十分誠摯地說。

「妳坐下來吧，」淑嫻把張嫱往椅子上一按：「我看這種事情應該商量一個妥善的對策才是。」

「實在想不出什麼辦法來。」張嫱先把肩一幌，頭一搖，然後一屁股坐了下來。

「妳的日記我可以看看嗎？」淑嫻望着桌子上的日記忽然靈機一動，她想在那上面也許可以找出一點線索來。

「妳拿去看吧。」張嫱隨手把日記遞給她。

淑嫻很細心地一頁頁地翻看，看了半天才放下來嘆了口氣：

「我看妳眞有點不能自拔了！妳平常是個最爽快利落的人，怎麼現在竟這麼拖泥帶水？」

「大姐，這叫做旁觀者淸，當局者迷。」張嫱也嘆口氣說：「不過話說回來，胡這個人才華之高，記憶力之强，也是我第一次發現，除非妳不同他接觸，一經接觸妳就很不容易擺脫他。」

「這只怪妳太好奇，太任性。」淑嫻委婉地說。

「他同我的性情的確有很多地方相像，也許他是我命裡的魔星？」張嫱說：「妳要看他的信嗎？」

「妳拿給我看看也好。」淑嫻隨口說了一句。

於是，張嬙打開鎖着的抽屜，翻出四五封信來遞給淑嫻，淑嫻細心地按着日期次序一封一封地看下去，最後她沉重地說：

「人自然是一個絕頂聰明的人，文筆好，字也有天才，只是犯了一個毛病：輕浮油滑。妳要特別當心。」

「大姐，我並不是不知道他的毛病，而是我不知道怎麼對他有點偏愛，甚至連他的缺點也能包涵。」

「這就叫做盲目。」

「也許是？但我對老孫沒有過，對其他的男人也沒有過，眞是奇怪！」

「唉，我也不知道你們是緣是孽？」淑嫻搖頭嘆氣。

「天知道！」張嬙把肩膀一幌，兩手一攤。

「阿嬙，我看妳還是舉起慧劍斬斷情絲吧，萬一被孫知道了那可麻煩。」沉默片刻之後淑嫻終於這樣勸她。

「大姐，妳看該怎麼辦呢？」張嬙六神無主地望着淑嫻。

「我看妳還是回家去住一些時再說。」

「課呢？」

「我代。」

「讓我考慮考慮吧。」張嬙用手敲敲自己的腦袋。

「好吧，就這樣決定吧。」淑嫻站起來說：「妳應該休息了，不要再胡思亂想，身體要緊。」

於是淑嫻飄然地出去了，同時隨手把門輕輕地帶上。

張嬙看見淑嫻孤單的背影忽然靈機一動，一個奇怪的念頭隨卽油然而生，她狡黠地笑了。

第五章 移花接木成空想 女作男看誤此生

淑嫺今年二十八歲了，仍然沒有對象。這並非因爲她醜，事實上她生得很清秀，雖然沒有張嫱那麼豔麗，但確在中人以上。如果以花來比女人，[redacted]淑嫺[redacted]是一株開在風雪之中又是深山幽徑的寒梅，張嫱[redacted]卻是一株開在陽春三月，又當陽關大道的桃花。她們的不同處不僅在於外貌，更在氣質。淑嫺不易爲人接近愛好，只是孤芳自賞，她沉靜，堅貞，雖然她也被人愛過，可是她還沒有輕易地愛過一個人。她不願玩弄愛情，她對這件事情[redacted]很認眞，沒有適當的對象她是決不願委身事人的，所以到現在還沒有結婚。張嫱卻不然，一方面是她大胆任性，聰明自負，一方面還是由於她太美麗，任何人見了都會動心，雖然有些男人她連正眼也不看他，可是往往樹欲靜而風不息。結婚幾年一直就在家中總算平靜無事，而一到學校教書不多久就惹出這麼大的麻煩，這是好友淑嫺始料不及的，也是她自己事先沒有想到的。既然鬧到這種地步，她不知道如何是好，剛才淑嫺的勸告她也是唯唯否否的，心中並無任何具體決定，倒是淑嫺的孤單的背影啓發了她。在目前要她和胡野禪一刀兩斷她是很難辦到的，但這種關係這樣維持下去絕對不妥，怎樣才是一個兩全的辦法呢？離婚改嫁胡野禪嗎？假如是自己一個人那[redacted]沒有多大問題[redacted]，可是現在她已經有了兩個孩子，身邊又有一位如同親娘的姨媽，她自然不忍心讓孩子沒有爸爸，最困難的還是老太太是舊腦筋，一向主張三從四德，絕對不贊成離婚這件事，所以她要離婚是不大可能的，因此她就自私地在淑嫺身上打主意，她想移花接木，以她和淑嫺十年同學的友情，她希望這個計劃成功之後，或許她還可能和胡喈中來往，仍然保持那份情誼，即或不然，也可以藉此轉移目標，想到這裡她自然狡黠地笑了。

「唉！我眞笨，怎麼早沒想到淑嫺身上去呢？」她仰身躺在床上雙手交叉地枕着後腦殼，兩眼望着白粉塗刷的甘蔗板自言自語地說。

「哎，這該怎麼進行呢？」隨後她又這樣自忖。

最使她困惱的是淑嫻和胡野禪個性絕不相同，人生觀也大異其趣，要想把這樣兩個人弄在一塊兒那是頗費[illegible]猜的。明言嗎？淑嫻絕對不會同意。她雖不是一個把驕傲兩個字寫在臉上的那種女性，可是骨子裡她比自己更自負十倍。她是一個狷介自守的人，她不願隨意敷衍應酬，即使是男朋友她也不隨便假以詞色，如果胡野禪對她也像對自己那種態度她不把他罵得狗血噴頭[illegible]才怪[illegible]。明講既不可能，[redacted]只好讓她含着紅棗囫圇吞了，這樣也許還有成功的希望。她還記得在大學時有人說過女人是一年騷，二年俏，三年着急，四年沒人要。現在淑嫻畢業已經四五年了，還是沒有歸宿，也許心裡正焦急呢？歌德不是說過「那個少年不善鍾情，那個少女不善懷春」嗎？以淑嫻來說，年齡自然不算小，但也決不會蠢到連自己的終身大事也不關心的。

「只要他老先生能够改掉那份輕佻，淑嫻也許能够中意。」她又這樣自言自語。

想到這裡她忽然一骨碌翻身起來，連忙在學生作文簿上扯下一頁紙來歪歪斜斜地寫下幾行字：

野禪：明日下午四時在「南國」見面，希望你能改掉那份輕佻，成爲一個十全十美的人。

知名不具

寫完之後她好像放下一千斤重担似的把鞋子用脚一甩，隨即和衣躺上床去，然後用手把被子往頭上一蒙，天塌下來也不管似的逕自睡去了。

次日清早她和淑嫻見面時什麼也不講，只說下午四點同她去「南國」喝下午茶。

「我沒有這個習慣。」淑嫻委婉地說。她也確實很少上茶室咖啡室去，她愛獨自一人泡壺濃釅的綠茶臨風望月慢慢地啜飲。

「今天一定得去。」張嬙鄭重地說。

「爲什麼？」淑嫻奇怪地望着她。

「爲我的事。」她簡捷地回答。

「好吧，」淑嫻點點頭：「那我就陪妳去一趟。」

下午四點，她們準時前往「南國」，胡野禪比她們先到一步，他一看見她們就在門前向她們揚手，表示十分殷勤，對淑嫻自然更加客氣，但表現得頗爲得體，雖則他還不知她姓什名誰？可是彷彿已經有十年以上的深交似的。淑嫻看見他這種神態微微把眉一皺，張嬙連忙指着她向胡介紹：

「這位是劉小姐，同學又同事。」

他聽說就連忙伸過手來，一面自我介紹。淑嫻只得鼻子裡嗯嗯也勉强伸出手來和他一握。其實那次他講詩經她也是聽衆之一，她早就認得他了，不過沒有什麼好印象，那次當大家都趨前阿諛他時，她反而溜走了。自從他和張嬙發生這件事之後她更不齒他的爲人了。

她們坐下之後一切都由胡野禪張羅，淑嫻不願講話，張嬙也樂得由他去，好像這已經成爲習慣，他們兩人那幾天的荒唐生活一切也都是由他一個人張羅的，他的辦法多，也事事令她滿意。

起先淑嫻並不知道張嬙邀胡野禪的事，及經見面她還以爲張嬙有什麼正經話和他講，要她來不過是作個仲裁，所以也就沒講什麼。誰知坐定之後張嬙頗爲鎮靜，也未開口，胡野禪雖很想和張嬙談幾句私話，但礙於淑嫻的面屢次欲言又止，甚至有幾次想毛手毛脚，一見淑嫻的臉色又猛然收回了。因此不得不老着臉皮和淑嫻談談詩經楚辭以及李易安李太白諸人的軼事，由於他談話詼諧，中間又隨意穿插一些趣事，使得淑嫻也幾次莞爾而笑。他看見淑嫻已經和顏悅色就又扯到日常生活方面來了。

「劉小姐府上都在此地嗎？」他很禮貌地問。

淑嫻搖搖頭，張嬙馬上搶着說：

「她不像我有許多累贅——丈夫，兒女，老太太，她就是一個人，自由自在。」

「那很好，那可以在學問上多做點功夫。」胡野禪馬上接腔：「像我就是孤家寡人，寂寞的時候倒可以啃點線裝書。」

「可惜我沒有胡先生的高才，這些年來還是不成大器。」淑嫻語中帶刺，說得却很含蓄。

張嬙馬上望了她一眼，胡野禪連忙搭訕着：

「其實我也只懂得一點皮毛，以後還請劉小姐多多指教。」

「不必客氣，胡先生的高才確實少見，張嬙更是佩服得很哩！」淑嫻望着他們兩人亦莊亦諧地說。

張嬙看見他們兩人漸漸交談起來，忽然把頭湊過去在淑嫻耳邊說：

「我有點事去去就來。」隨即提着手提皮包往盥漱間去了。

胡野禪自然不好意思跟着她去，淑嫻知道女人的事，她以為一下子就會回來，所以也沒有跟着去，誰知道左等右等總是不見張嬙回來，半小時之後淑嫻就有點煩躁不安了，胡野禪倒並不怎麼焦急，他還是一股勁兒在她面前賣弄學問，再則他又是一個像林黛玉說的見了姐姐就忘了妹妹的人，所以他不管淑嫻怎麼心不在焉，他還是一股勁兒的談下去，而且越談越起勁，三句話不離本行，最後又轉彎抹角地談到周南，一談到周南自然首先談到關雎，他把上古的風俗民情煞有介事地考證了一番，他說「窈窕淑女君子好逑」就是今日的自由戀愛，是合乎先王之道值得提倡的。

淑嫻愈聽愈不對勁，她是一個警覺性很高的人，為了防患於未然，她提起手提皮包對胡野禪說：

「對不起，我先去看看。」

她走進盥洗間一看，根本不見張嬙的影子，叫她也沒有人答應，這下她恍然大悟了，她有幾分氣急地走了出來，本來她也想不通知胡野禪逕自回學校去，可是大學教育使她懂得禮貌，她還是回來告訴胡野禪一聲：

「對不起，張嬙不在，我也要回去了。」

「奇怪？她到那兒去了呢？怎麼這樣神龍見首不見尾的？」他說。但他到底是個聰明絕頂的人，他馬上意識到這是怎麼一回事了？他又不禁一笑，他想假如能一箭雙鵰那又何樂不為呢？於是他接着對淑嫻說：「那麼我送妳回去。」

「謝謝，不必了。」淑嫻委婉地拒絕。

他也知道淑嫻不像張嬙那麼豔如桃李，可的確是冷若冰霜，因此他也就不太勉强。再說他自己對淑嫻也只感覺「新」，而並不像對張嬙那樣的「愛」，所以他們終於分道揚鑣了。

淑嫻回來之後把皮包往床上一放就走到張嬙的房間裡來，她一進門又隨手把門帶上，張嬙看見她進來連忙笑着迎了上去。

「阿嫻？妳怎麼這樣糊塗？」淑嫻心裡雖氣語調仍然溫和。「妳已經掉進糞坑裡去了，怎麼還想把我也拉下去？」

「我的好大姐，妳先別生氣，坐下來，我們慢慢地談。」張嬙笑着把淑嫻往床上一推，然後又按着她坐下去。

「還有什麼好談的？我看妳眞是越來越糊塗了！」淑嫻以大姐的口吻責備她。

「大姐，我還是一句老話，旁觀者清，當局者迷。除了移花接木之外，我實在想不出更好的辦法來。」她搖手幌肩地說。

「乾脆一刀兩斷不就得了嗎？」淑嫻斬釘斷鐵地說。

「大姐，我不像妳，我本來是一頭野馬，韁繩一解我自己也收不住脚，何況他還在背後用鞭子抽呢？」[redacted]。

「你們這叫做寃有頭，債有主。」淑嫻也氣得笑了。

「我想也只好這樣解釋。」她懶散地坐了下來。

「可是妳如果不早點回頭，妳這一生可能毀在他的手裡！」淑嫻又提出警告。

「我也不知道我將來會有怎樣的下場？」她用雙手蒙住眼睛，隨即[redacted]，抬起頭來盯着淑嫻說：「大姐，妳看他的人到底怎樣？」

「學問倒是有一點，就是渾身不正經。」淑嫻冷靜地批評。

「老孫正經，可是像塊木頭；他不正經，可是極其風趣。如果魚與熊掌不可得兼，我寧可選擇後者。」她十分坦率地說。

「[redacted]，我看妳簡直是在玩火！」淑嫻急了起來。

「我本身就像一座火山，沉默時像死般地靜寂，爆發時會毀壞別人也會毀壞自己。」她指手劃脚的說。

「[redacted]你要記住妳是女人，不能太任性。」淑嫻[redacted]說。

「做女人已經够倒楣，像我這樣的人做女人就更倒了八輩子的楣！該哭的時候不能哭，該笑的時候不能笑，該愛的時候又不能愛，眞是倒了八輩子的楣！倒了八輩子的楣！」說着說着她搥胸頓脚起來。

「妳冷靜點好不好？平心說這件事妳做的對嗎？」淑嫻握住張嬙的手說。

「大姐，事情已經做了，還問什麽對不對呢？」她把手一摔，一下就擺脫了淑嫺的掌握。

「阿情，我看妳簡直有點瘋了？」淑嫺睜大眼睛望着她。

「誰說我瘋？」她向淑嫺先走近一步。

「不然妳怎麽盡說瘋話呢？」淑嫺[illegible]望着她笑。

「我才不瘋，我就是這個牛性子！我愛橫衝直撞，我不歡喜躲躲藏藏！」她在房間裡大步走了起來，彷彿要衝倒一切似的。

「可惜妳是個女人。」淑嫺搖頭嘆息。

「我父親可把我當作他的兒子，大姐，妳知道嗎？」她湊近淑嫺的臉說。她想起兒時她父親經常帶她出入茶樓酒肆，以及各種應酬場合。因爲她沒有兄弟姊妹，加上她個性豪放，所以她父親寵愛異常，簡直把她當作兒子看待，她自己也愛舞刀弄棒，那時她還很想作劍俠哩！

「那是小時候兒的事，也就是他老人家把妳放縱壞了！」淑嫺笑着說。

「我不怪我父親，我只怪我自己爲什麽會是個倒楣的女人？」她扯住自己的頭髮像要把它撕掉似的。

「算了吧，算了吧，」淑嫺看着忍不住笑了起來：「別再發瘋了！我看妳還是釜底抽薪，回家去住些時再說。」

「好吧，就依妳的吧！」她把抓在手裡的頭髮一甩，整個身子往床上一倒，竹床馬上吱呀一聲響起來。淑嫺看着她只好搖頭苦笑。

她

第六章　家

丈夫兒女成群口
犧牲獨去瞿用全

張嬌口裡雖然答應回去，可是人並未動身，因爲那天夜晚她又接着胡野禪送來的信，那封信好像

一塊吸鐵石似的又把她吸住，不僅不想回去，還想禮拜天去赴約。

淑嫻知道這種情形眞的生氣了，她說假如她再不回去她就和她絕交，這樣一來張嬌只好打道回府

了。

臨行的時候她思想紊亂得很，淑嫻要送行她也堅持不肯，一離開學校她就偷偷地掉下幾滴眼淚。

走到車站時還要等三十分鐘才有車開，她失魂落魄地在車站踱來踱去，拚命地抽烟。她想這樣悄

悄地走開固然省掉許多麻煩，但一個字兒也不留給他未免狠心。依她看他對她確是眞情，因此她又惰

不自禁地從手提包裡抽出昨夜他給她的那封信來看，她眼前又跳躍着這樣的字眼：：

　妳如有勇氣離婚並和我結婚，我雖身敗名裂在所不惜，皇天后土，足證我心……。

她想來想去看不出有什麼虛僞？她所能付出的已經付出了，比她付給自己的丈夫的只有更多，他

爲什麼還要苦苦地要求結合呢？如果沒有眞實的愛情他會出此下策嗎？既然他是一片眞心，她自己這

樣不辭而別對嗎？向以女俠自命，不願辜負別人，難道應該辜負他嗎？想着，想着，她猛的把信往皮

包裡一塞，連忙跑到電話間掛了一個電話，很快地就叫通了。她對他說馬上要走，特地通知他一聲，

那件事情不必談了，請他冷靜一點，免得兩人都身敗名裂。可是她得到的答覆是：「不行！一定要有

一個結果。」聽了這樣的話她的心裡更亂的一團糟，她只好把電話掛斷了。沒有想到不多久他竟坐了

三輪車趕到車站來了。

一看見他，她的心臟就砰砰地跳動，頓時失去了主宰。

「妳爲什麽要走？」他一跳下三輪車就用力抓住她的手臂搖了幾下。他的臉色青黃得難看，他瘦了很多。

「我沒有辦法，只好走。」她六神無主地說。她的臉色也顯得憔悴多了。

「妳以爲一走就完事了嗎？」他盯着她問。

「我不知道，這很難說。」她痛苦地搖搖頭。

「那妳又何必走呢？」他又搖了她兩下。

「我不得不走！」她有點歇斯底里地叫了起來。

「廢話！」他也粗野地叫了起來。

「不是廢話，因爲我有丈夫兒女。……」她的聲音緩和下來了，那聲調是令人黯然魂銷的。

「我知道。」他點點頭。

「那你就該原諒我。」她幾乎是懇求地說。

「這不是原諒的事。」他用力搖頭。

「你總不應該太使我爲難？」她兩眼望着他含淚欲滴。

「妳也不應該太使我難堪！」他也有點黯然。

「你要知道，愛情是犧牲，不是獨佔。」她忽然鼓起勇氣來說。

「妳這話是從那裡檢來的？」他向她翻着白眼。

「書上看到的。」她率直地一笑。

「妳配？」他用手指着她的鼻尖，然後又指着自己的鼻尖說：「我配？」

「我們應該勉勵。」她臉上忽然掠過一道聖潔的光輝。

「我講了我不是什麼正人君子，我的字典裡面沒有犧牲，只有獨佔！」他非常露骨地說。

「你壞得坦白！其實我也不配談什麼鬼愛！」她慘淡地一笑。

「既然我們都不是什麼好東西，那爲什麼不壞在一塊呢？」他重重地搖了她幾下。

「聽天由命吧！」她有點顫慄地說。

這時忽然一聲尖銳的汽笛刺入耳膜，接着火車頭吃咔吃咔地進站了。忽然一種本能的衝動，使她掙脫了他的掌握，她連忙向人叢中鑽去，他也跟在後面擠，可是在剪票口他被擋住了，因爲他手裡沒有票，他只好望着她跑進月台，跑進車廂。

她很困難地找到一個靠窗口的座位坐了下來，車輪一滾動她就深深地嘆了一口氣：「天！」

忽然她看見胡在向她揮手，她又連忙用雙手蒙住眼睛。

第七章　回家自有天倫樂　反省雖虧父母心

回家之後她的心情安定了許多。

老太太好像有十年八年沒見面似的，一肚皮的家常講個不休，講了半天她忽然驚愕地問：

「嬙兒，怎麼妳瘦了？」

「是嗎？我倒不覺得。」她支吾其詞地說。但掩飾不住內心的惶惑。

「妳還不覺得？我說妳這孩子長了這麼大還不會照顧自己，妳比在家時瘦多了啦！」老太太疼惜地說。「是不是功課太忙？」

「功課倒不算太忙，或許是生活不大習慣？」她笑着說。

「我早說了叫妳不要去作什麼鬼事，家裡又不是等着米下鍋，妳偏不聽我的話，總愛東撞西竄，這麼大的人了，性子還是不改，我看妳不吃大虧是不會安份的。」老太太滔滔地講着，她說時無心，張嬙聽着却像針刺，臉上不免燒熱起來。

「得了，媽，謝謝妳老人家的金言。」她搭訕着說。

「別謝了吧，我一百句話妳能記住一句就够妳受用一輩子了，可妳就是左耳進，右耳出，不知道叫我替妳多擔多少心事？」老太太輕輕地白了她一眼。

「好媽媽，以後我聽您的就是了。」她乖巧地哄着老太太，自已也忍不住笑了起來。

「哼，這話我已經聽過一千次了。」老太太嘴裡雖然這麼說，心裡却很受用，她的臉上馬上露出一種非常慈祥的笑容。

兩個孩子看見大人笑了心裡好像也很高興。大孩子原先看見媽一進門就虎的跳上前一把抱住她，把頭埋在她懷裡，隨後又爬到她身上坐着，她也緊緊地摟着他，使他一直沒有插嘴的機會，現在看見媽媽同阿婆都笑了，又沒有哇啦哇啦地講話，於是他睜起一對惶惑的小眼睛問她：

「媽，這向妳到那兒去了？我還以為妳被老虎唔哇吃了哩！」

老太太聽了孫兒的話瞇着眼睛哈哈地笑着。張嬙不知道是一種什麼感觸？她竟撲簌簌地滾下一串淚珠來，那張掛着淚珠的臉顯得更為動人，彷彿受難的女神透露着一種聖潔的光輝。她隨即低下頭去用那張眼淚糢糊的臉在孩子的頭上擦來擦去，嘴裡不住地喃喃着：

「好兒子，媽媽長大了，媽媽不會被老虎叫掉。」

「玲玲說老虎也會吃大人的。」他嘟起小嘴巴申辯。

「媽媽不上山去，碰不着老虎。」她悽然地笑着。

「妳那地方不是山上嗎？」他歪着頭奇怪地問。

「不是，和我們這兒一樣，有大街，有洋房，有學校，還有很多小寶寶。」她拍着他說。

「怎麼我昨天夜晚夢見妳是在大山上呢？那山上還有許多狼狗一樣的怪東西，我害怕得很，後來又忽然蹦出一隻大老虎來——像畫上畫的一樣，牠唔哇一口就把妳啣去了，我也哇的一聲哭了起來，阿婆連忙把我抱住，拍着我叫我不要怕，不要哭。媽，」他用小手在她胸口搥着說：「妳是怎麼逃回來的？」

「傻孩子，那是你做夢，妳媽那會眞的被老虎啣去了？」老太太也笑着說。

可是張嬙已被兒子這番話說得泣不成聲了。這些日子來她也像兒子一樣做了一場噩夢，這個夢還不知道什麼時候才醒呢？

「嬙兒，你生平很少流淚，怎麼現在反而這樣傻頭傻腦的？」老太太看着覺得有點奇怪，因此動問。

「沒有什麼，大概是這次離家久了一點。」她搖搖頭，迅速地揩乾了眼淚。

「媽，我只看到妳這一次哭，妳還不知道我天天哭咧！」小兒子又嘟起嘴巴說。

他這一說竟逗得她嚶嚶地哭出聲來，她又拚命地摟着孩子喃喃地說：

「好兒子，媽媽該死！媽媽該死！」

「寶寶，你過來，別再纏媽媽了。」老太太慈祥地走過來伸手抱他。

「不，」他把媽媽摟得更緊一點，「阿婆，媽等會又會偷偷地跑了。」

「不，好兒子，媽決不再走。」她溫柔地哄他吻他。

「妳騙我？」他睜圓小眼睛望着她。

「不，媽決不騙你。」她莊重地說。

「眞的？」他偏着頭問。

「眞的！」她點點頭。

於是他虎的翻下身來讓老太太來抱了。

「這孩子眞懂事，」老太太拍拍他對張嬙說：「妳走後他天天問我要媽媽，我怎樣哄他他也不聽，有一次嘔起我的氣來了，我大聲地對他說：「你又不吃奶，怎麼老是惦着媽媽？」妳猜這小東西怎麼回答我？」

「他怎麼說？」她也歪着頭好奇地問。

「她說媽媽好看，我愛媽媽，別人一定也愛媽媽，說不定媽媽會被別人搶去。」老太太說着笑得合不攏嘴來。

張嬙臉上却泛起一陣紅暈，嘴裡輕輕地駡着：

「壞東西！」

「我看他的心眼兒眞有點像妳。」老太太笑着說。

「像我就該倒楣！」她沉痛地說。

「他是男孩子，這倒沒有什麽關係。」老太太溺愛地說。隨卽在他臉上吻了一下。

「我看這孩子也不會是福相，他太機伶了。」她憂慮地說。

「妳看，他模樣兒的確像妳。」老太太指着他的眉眼臉蛋說。

「像我就該倒楣！」她又是這句老話。她越看越覺得這孩子像她，因此更增加了幾分憂慮。

「嬙兒，說起來妳這孩子也眞薄命，幼年就歿了父母，又是光桿牡丹，如果不是妳爹留下一點財産，妳連書也唸不成。現在總算好了，嫁着大鹿這麽一個老實人，妳這下半輩子應該是幸福的，我也算沒有白費心血。」老太太歎說着。

張嬙也確實不幸，父親五十歲時才生她，她十歲時父親就去世了，母親雖然年輕，可是她十二歲時母親又去世了。父親宦海裡浮沉了幾十年，雖然替她留下一筆不小的財産，但是叔伯兄弟們你爭我奪，像一羣餓狗叮着一塊髒肉啃，剩下來的一點幸得這位早年死了丈夫，又沒有兒女的姨母替她守着，以至撫養她唸書成人。老太太爲她是吃過一番辛苦的，所以她不喊老太太作姨媽，而喊作媽，一則表示親熱，再則也表示一點感恩的意思。現在老太太能含飴弄孫，她已經認爲非常幸福了。

可是張嬙聽見老太太剛才這番話心裡却像刀割一樣地難受，她想假如老太太知道她最近這件荒唐事情，那她眞不知道會怎麽傷心呢？老孫她倒是不怕的。

「媽，請您別再提這些喪氣話了。」她生怕老太太再把陳年爛賬翻出來，如果一提到她自己過去那些暈頭暈腦的事情，像什麼舞刀弄棒啦，票戲啦，同男先生談戀愛啦，同女先生吵架啦，等等之類的事情，她又要挨一頓罵了，而老太太的開場白和結尾又必然是這句老話：「沒有一點兒女人家的規矩。」她在家時一有什麼事不中規中矩就要被老太太訴說一頓，爲了抽烟打牌她和老太太不知道吵過多少次，後來總算老太太讓了步，爲了這次勝利她曾經高興了好幾天，但她在老太太面前最大的勝利也止於此，再也不能越雷池一步，否則仍然會被老太太罵得狗血噴頭的。假如沒有這位老太太的嚴加管束，那她現在眞不知道是怎樣一個人呢？所以有時事後她也會這麼對老太太說：「媽，要不是您老人家，我也許早變成一個女流氓了。」可是今天她剛回來，心情仍然不好，如果讓老太太說溜了嘴，翻出爛賬來，她可能又會和老太太罵大街的，所以她馬上用上面那句話先堵住老太太的嘴。

老太太也因爲她剛回來，心裡正自高興，自然沒想到翻她的爛賬，不過她還是慈愛地規勸了她幾句：

「嬙兒，過去就像是一場噩夢，我也是當妳走懵懂運，不過以後妳還是要處處謹愼小心，不要再任性，算命先生說你命裡不乾淨，所以妳要比別人格外當心。」

「媽，謝謝您老人家的金言。」每當她不十分同意老太太的話時她總愛用這句話來搪塞。她最不相信命運，最討厭什麼張鐵嘴李瞎子這類命相先生，剛才老太太又提到命，她就有點煩了。

「得了，別謝了，妳又嫌我多嘴是不是？」老太太笑着說。

她看見老太太猜中了她的心思，她也莞爾一笑，笑得那麼嫵媚天眞，就像一個十來歲的女孩子正想偷糖吃忽然被母親捉住了手似的。

「媽！我們擺了[illegible]一陣子怎麼還不見老孫呢？」她忽然轉變了話題。

「他上班去了。」老太太安詳地說。

「媽，今天星期幾？」她恍惚地問。

「怎麼妳又暈了頭？連日子都忘記了？妳看看日曆啥！」老太太先望着她說，隨後又指着牆上的日曆給她看。

「啊！星期六，我還以爲是星期天哩！」她先是一驚，隨後又忍不住笑了。

「嬙兒，我看妳又有點暈頭暈腦了！」老太太嚴肅地望着她。

「唉，我也眞糊塗，也實在是那些爛卷子把我搞暈了頭。」她只好扯謊了。

「嬙兒，身體要緊，我看妳下學期還是別去吧？」老太太疼愛地說。

「到那時再說吧。」她懶散地說。究竟下學期去不去？她此刻也實在不能決定。

正好在這時她丈夫孫大慶騎着自行車下班回來了，寶寶一看見他就大聲嚷着：

「爸爸，媽媽回來了，沒有被老虎吃掉。」

寶寶這一嚷，三個大人都笑了起來。

孫大慶看見張嬙先是一笑，隨即說：

「想不到妳今天回來？如果早捎個信兒我也好去車站接妳。」

張嬙看見丈夫那老誠樣子，心裡就有幾分慚愧，一聽見他這樣說臉都紅了。

「我是臨時決定的，所以沒有驚動你。」她的話語非常溫柔客氣，這是平常少有的。

他聽了只是靦覥地一笑，沒有再說什麼。隨即解開黃卡其布中山服的上衣紐扣，想把它脫下來，張嬙馬上過去幫忙，還替他把衣服送到衣架上掛好。

老太太看了很高興，馬上讚揚她：

「嬙兒一當老師也懂得禮數了，女人家本來就應該這個樣兒的。」

老太太這一說惹得他們夫妻兩人都笑了。寶寶也高興得跑下地來蹦蹦跳跳，一會兒抱住爸爸的腿，一會兒又拉住媽媽的手，在他們兩人之間轉來轉去，他們兩人不期然而然地會心的一笑，不過孫笑得自然，她的笑裡卻蘊藏着一點愧怍，只是孫並沒有覺察出來。

吃過晚飯之後他們夫妻兩人還帶着寶寶去看了一場電影，這是一張倫理片子，他們看的很高興，張嬙更像吃了一顆定心丸似的感到很安靜。回家之後，她在日記簿上這樣寫着：

此刻我心甚爲安定，老孫仍爲一忠厚君子，不似胡巧言令色。看過電影之後愛子愛夫之心更切，學校我決定不去了。孽緣就此告一段落，今後我決心作一善良百姓，不再有非非之想，相夫教子，舉案齊眉，以免老太太傷心，不然即愧對地下父母，亦無面目再見舊日賓朋。

第八章 好丈夫不懂情趣 真小人善用心機

可是她的心情剛剛安定下來又接着胡野禪的來信，這一來她更慌亂了。

他的文字和語言一樣，對她都有一種特殊的魔力，他這篇字是她丈夫寫不出來的，他的美麗的詞藻更是她丈夫哭也哭不出來的，他這封信完全用的是四六駢體，的確情文並茂，她每讀一遍就要流一次眼淚。而最使她煩惱就心的是他說假如她不回信他就要找上門來，直接和她丈夫談判。

假如她能舉起慧劍斬斷情絲那仍然沒有問題，她可以先向她丈夫自剖，她知道他是會原諒她的。可是問題在於她不能斷絕他，她回家之後曾三番兩次地把他們二人從各方面作過比較，她總覺得孫沒有胡的吸引力大。她和丈夫在一起自然有一種安全感，但是過於平淡呆板；和胡在一起却有無限的風趣和激動，他時刻會提供她新的興味，新的觀念，新的見解，同他在一起永遠不會感覺寂寞，單調。孫是一臉孔正經，缺少變化，胡却有滿腦子的奇怪思想，永難捉摸；孫除了本行以外缺少其他興趣，胡却有多方面的興趣和豐富的知識，他不僅對詩經楚辭這些古籍確有研究，對於中外近代文學著作也頗多涉獵，而且他又過目不忘，所以他談話的資料永遠是新鮮的，有趣的。她甚至認為孫對她的恭順也遠不如胡對她的白眼更值得欣賞。總之，他們兩人是絕對相反的類型，而她自己的個性又恰近於胡，彼此學的又是一樣，這是她不能毅然斷絕他的真正原因。本來她回來是想暫時逃避他，這樣或許會慢慢冷靜下來，最初一兩天也果然冷靜不少，可是漸漸地一顆心却有些放不下來。一接到他這封信她的一切堤防都崩潰了！她的心緒簡直亂得不可收拾。不回他的信嗎？她又怕他真的找上門來，他胆大臉皮厚，又是個冒失鬼，說到做到，他是沒有什麼顧忌的。可是她自己却吃不消，首先對老太太就沒法交代，還有鄰居也是人多嘴雜，她自己固然是天不怕，地不怕，但總不能使老太太和丈夫過於難堪。回信嗎？又實在不知道從何說起？以她的經驗來說，做一篇畢業論文並不難，這封信却大傷腦筋。

「唉，叫我怎樣寫呢？天哪！」她不住地用手敲着腦袋。

最後她終於想出了一個以簡馭繁的辦法，寫出了這麼寥寥幾句：

信收到，勿來，勿急，一切從長計議。

寫完之後她偷偷地寄出去了，回到家來又是百無聊賴，老太太在料理家務，小女兒在睡覺，大兒子在玩積木，丈夫上班去了，看書又看不進，睡覺也睡不着，最後還是掏出日記簿來記上幾段。

回家數日，心緒稍安，惟仍不能忘懷他那副猴相。上午忽接來信，又喜又急，心情眞亂的一團糟！他老先生不知道怎麼弄到我的地址？也許是下女講的？也許是我自已疏忽透露給他的？反正他總有辦法，他眞是我命裡的魔星！剛才覆他數語以作緩兵之計，但此後夜長夢多不知如何是好？

老孫愛我更甚往昔，假如他知道這件事不知作何感想？唉，可憐的好人？

這件事我是一直瞞下去還是告訴他好呢？瞞下去嗎？心裡實在忐忑不安，告訴他嗎？我又不願意馬上破裂。眞是左右爲難！

她正寫到這裡，丈夫忽然走了進來，她駭了一跳，連忙收拾起來，同時向他笑着說：

「今天怎麼這樣早回來？」

「今天沒有什麼大不了的事，我怕妳在家裡寂寞，所以早點下班。」他一面把帽子掛在衣架上一面回答。

她心裡不覺一怔，她想老孫眞是個好人，就是嘴太笨。

「妳什麽時候回學校去？」他坐在床沿上期期艾艾地問。

「還沒有決定。」她慌亂地搖搖頭。

「妳長久就在家裡行嗎？」他輕輕地說，生怕驚駭了她似的。

「沒有關係，淑嫻替我代課。」她語氣鎭定了許多。

「我看她也忙，妳還是早點回到學校去好。」他是個本份人，他總是想到本份的事，他覺得自己拿錢讓別人偏勞總不大好，他却不知道這裡面大有文章。

「你何必就這些心事？反正淑嫻不是外人。」她回過身來望着他說。

「我不過是提醒妳一下，一切自然由妳決定。」他說過之後就往床上一躺，不再作聲，不久就呼呼地睡着了。

她看着他那圓圓的鼻準，肥厚的嘴唇，長長的耳朵，閉着的眼睛，這些綜合起來就是一副忠厚相。再聽聽他那均勻而響亮的呼吸，正表示着他身體的健康，這和胡那種俏皮搗蛋的猴相完全不同。

「唉，他娶了我這樣的女人他得不到幸福，我嫁了他這樣的男人我也感覺痛苦。假如他娶的不是我這種野性的女人而是一個安份守己的女人那該是多好的一對呢？偏偏上帝作弄人，把我們弄得這樣尷尬！」她心裡這樣想，隨手又拿着一條毛毯輕輕地替他蓋上。他只翻了一個身又唔唔地睡着了，假如是胡，他一定會驚醒，並且會給她一個淺笑輕吻，而現在她却望着他的睡相無限的悵惘，空虛。

「唉，」她無可奈何地嘆了一口氣：「說是怕我在家裡寂寞，一回來又睡覺！完全不懂女人的心理，眞笨！」

這時大兒子又拿着一封信跳跳蹦蹦地跑到她的面前說：

「媽，信。」

「拿給我看。」她伸手去接。

「不，」他馬上把手一縮。「妳先告訴我這是誰寫給妳的？」

「你小孩子別多管閒事。」她輕輕地白了他一眼。

「妳不說我就不給妳。」他嘟起小嘴巴轉身要走。

「好寶寶，別胡鬧，媽告訴你。」她把他攬在懷裡哄他。

「誰寫的？」他睜着小眼睛問。

「劉姨。」她故意騙他，她已經看到這封信又是胡寫來的。

「好，我給妳，」他把信往她面前一甩，但又迅速地縮了回去，鄭重其事地問她：「媽，妳給我什麼？」

「我給糖你吃。」她哄着他說，同時往床上一指：「好兒子，別鬧，爸爸在睡覺。」

「拿來。」他把小手一伸，向她討。

她在皮包裡拿出一張五角小票往他小手上一塞，輕輕地說：

「好兒子，你自己去買。」

他高興地接着錢，馬上把信交給她，又一蹦一跳地跑出去了，嘴裡還唱着：「媽媽好，我愛媽媽。」

她望着兒子頑皮的背影又好氣又好笑，同時又不自覺地望了床上一眼：「假如你也像你兒子這樣那就好了。」她心裡這麼想。

她看看丈夫睡得很甜，馬上把信拆開來看：

剛才發出之信，意猶未盡。卿如明月，我若浮雲，但願相依相惜，浮雲飄去卿思我，明月飛來我憶卿。人生離合在乎心不在乎形，彼此若離心，雖枕邊帳裡亦嫌影憎形，若永結同心，雖山遙水遠，天空海闊，魚沉雁杳，雁杳魚沉，亦可心心相印，魂牽夢縈。前思後想，我實愛卿，廢寢忘食，已無人形，我妳之事，望鼓勇氣，速作決定。

看完之後她忙把信塞進小提包裡去，雙手抱着頭，喃喃地自語：

「一天兩封快信，寃家！寃家！」

伴着她喃喃自語的是丈夫的呼呼的鼾聲●

第九章 打麻將說三道四 放蕩女刺耳雜心

她回家一星期了。

由於在家裡多就了幾天，感覺到越住下去越乏味，丈夫上班，兒子玩，老太太料理家務、照顧小女兒和十幾隻鷄鴨，忙得團團轉，沒有時間和她窮聊，偶爾談上幾分鐘也離不開柴米油鹽這些事件，她一聽這些瑣碎頭就大了，她長到這樣大還沒有正式弄過一頓飯菜，她看見那些東西就皺眉，間或在廚房幫忙一下，不是打翻了鹽罐子，就是打倒了油瓶，惹得她和老太太兩人都生氣，正因為如此，這些家事老太太一概不麻煩她，因此她一向不知道油多少錢一斤？米多少錢一斗？老太太一提起來她也是左耳進右耳出，從來沒有在腦子裡打過轉。她也常常自己笑罵自己：「唉！像我這樣的女人怎麼能作人家的太太？」的確，她不是作家庭主婦的材料，她沒有這樣的耐性，也沒有省吃儉用的習慣，她用起錢來是大把大把的化，比男人用錢還爽快，她也不問錢是從那兒來的？她在學校裡帶回的幾百塊錢這幾天就快化光了，看電影，上館子，買東西，像天女散花般，到處散，老太太也曾經勸過她，說現在世道艱難，賺錢不容易，還是手緊點好，她總是不聽。她說生不帶來死不帶去，父親賺了這麼多的錢，臨死也沒有看見他帶一文去用，這又何苦呢？所以她的人生哲學是今朝有酒今朝醉，今日有錢今日化。人家有急難時她會毫不吝嗇地把錢送過去，她需要錢時也會毫不客氣地向朋友要。她這種氣派多少男人都趕不上她，她丈夫比她就拘謹得多了，只有胡野禪還可以與她比擬，他也是這種作風，他們那幾天的荒唐生活他就化了兩千多，而且化得爽快，所以就憑這一點她也非常欣賞他，認為他夠男子氣。為了用錢她也常常和丈夫鬧彆扭，不過最後總是她勝利，因為丈夫總是遷就她，但她心裡還是老大不痛快，她時常這樣說她丈夫：「虧你是個男人！」但他既不生氣，也不答辯，他只付之一笑，而她還是要說：「蹩扭，眞蹩扭！」假如他們這個家不是老太太操持的話，那眞會弄得三天兩天沒錢買菜的。不管皮包裡已經所剩無幾，隔壁林太太來邀她打牌她還是滿口答應，老太太勸她不要去，她就這樣回答她：

「就在家裡眞膩死人！」

老太太只好搖頭望着她和林太太一道出去。

她走進林太太客廳時下女已經把牌桌擺好，張太太李太太已經坐上了，一看見她來都站起來歡迎：

「喲，久違，久違，這向可得意？」

她笑着敷衍幾句就坐上去了。很快地她們就劈劈啪啪起來。

有人說三個女人在一堆就賽過一羣鴨，現在四個女人在一堆又加上劈劈啪啪的牌聲自然更熱鬧了。碰得正好，她們四位不但牌逢敵手，嘴巴也都同樣的健談，尤以張太太和李太太，一個大胆，一個詼諧，再加上向來不肯示弱的她和最能臨機應變的林太太，這四個女人在一起不但可以打上四十八圈，也可以喋喋不休地談個四十八小時。

「孫太太，人家說小別勝新婚，妳這次回家應該甜如蜜吧？」李太太打出一張白板之後笑着打趣她。

「妳總是狗嘴裡長不出象牙來！」她也笑着罵李太太一句，又隨手吃進一張一萬。

「妳看她這副吃相就知道。」張太太學着她吃牌的樣子謔而虐地說。

張嬙只橫了她一眼並沒有反駁。

「人家孫先生是個老實人，不像妳張先生和妳都老不正經。」林太太插進一句。

「我那死鬼就好在不像她孫先生那樣不懂風情，不然我早和他離了婚。」張太太嘴沒遮攔地說。

張嬸聽了張太太的話心裡一怔，她還以爲張太太聽到了什麼風聲？她這句話好像是猜透了她的心事似的，最近她就一直爲這件事弄得心神不安，假如是張太太的話也許她眞的早和老孫離了婚，因爲她做事一向是火辣辣的，不像自己還有些顧慮。想着，想着，她失手打錯一張八條，張太太馬上搶着碰了，並且高興得咯咯地笑。

「張太太，妳不要說溜了嘴，人家孫太太和孫先生可是一對恩愛夫妻呀。」李太太一面摸牌一面笑着說：「孫太太，妳說是不是？」

「唷，打牌就打牌，何必扯些男人的事？」張嬸剛才聽着張太太的話好像一枚針在挑撥肉裡一根刺，現在李太太的話又好像要揭開她的瘡疤，她實在不願聽，所以用這句話來作了一個盾牌。

「人家說兩個男人在一塊就談女人，現在我們四個女人在一塊就不該談談男人嗎？」張太太打出一張六萬說：「說不定現在就有人在談論我們幾個人呢？」

「喲！妳還以爲我們是十八歲？有什麼好給人家談的？」李太太馬上搭上。

「我們三人年齡雖然大點，談的人或者不多，孫太太可比我們年輕，況且人又長得漂亮，我保證她在前面走後面就會有人評頭論脚的。」張太太連珠炮地說，最後還把林太太拉進來：「林太太，妳說是嗎？」

「這我可沒有看見，」林太太抓進一張一餅之後又接着說：「不過孫大太確實比我們年輕漂亮，生了兩個孩子還看不出像結過婚的人哩！」

「林太太的話一點也不錯，假如我是一個男人我也一定要追求她。」張太太接着說。

「嘿，妳們積點口德好不好？」張嬸笑罵着她們：「小心死了閻王割舌頭！」

「說眞的，我要是個男人我也會打她的主意。」李太太也笑着說。於是林太太把牌在桌上敲了兩下，又故意湊近張嬙說：「妳在外面教書可要小心喏，再正經的男人看見妳也會打壞主意的。」

「妳別胡說八道吧！」張嬙故意重重地打出一張牌。

「小妹妹，我老大姐的話不會錯，像妳這副好模樣兒只能關在籠子裡養，一放出去貓就會把妳吃掉！」張太太忽然老氣橫秋地說。

張嬙嘴裡雖然沒有說什麼，心裡可在這樣罵她：「這眞是個老狐狸！」

「假如我是孫先生我也決不放她出去。」李太太也應和着。

「怎麼？把我關在家裡當飯吃？」張嬙橫了李太太一眼。

「她孫先生眞太老實了，要是我的那個死鬼他才不這樣傻咧！」張太太又和李太太呼應着。

「那張先生爲什麼放妳出來？」張嬙頂撞張太太：「他不怕貓把妳吃掉？」

「嘿！我怎麼能比妳？我又老又醜，他自然放得下心啦。」張太太只顧說話，沒有看見李太太打出的牌，及至忽然發現李太太打出的是一張紅中，她就一叠連聲地嚷着：「喂！碰，碰，碰！」同時把那張紅中搶了過來。

張嬙看見她那副怪樣子忍不住笑了起來，同時也罵了她一句：「看妳那副吃相！」

張太太碰過之後林太太李太太也接二連三地碰了吃了，只有她不吃不碰又不上張，她越打越生氣，怎麼今天手氣這麼壞？自從打錯了那張八條之後一直閉氣，想來想去只怪張太太這老狐狸，偏愛找自己尋開心，弄得心神不定，要不是自己有心病，一定可以把她們打垮。現在完全是她們三人的天下，她一個人輸，爲了翻本，她只好拚命抽烟提神，打牌也打得特別響，因此張太太笑着罵她：

「妳發神經病？」

「唉，我眞不想打了。」她馬上接着說。

「怎麼？妳想回去看看孫先生哪？」李太太打趣地說。

「怎麼妳們專愛講這些鬼話？」她不耐煩地把一張「萬」一甩。

「看自己的先生有什麼害臊的？」張太太又接着說：「又不是看野男人？」

這些話說的人都是無心，可是張嬙聽來不僅刺耳簡直錐心，她以爲她們都是故意揭穿她的隱私，她實在受不了，她推說有事，提議先散場，可是她們三人不同意，最少要打完八圈，她看看只有兩圈，也只好勉强再打下去，可是越打下去手氣越糟，她已經輸得一塌糊塗了。

「要不要孫先生來挑挑土？」林太太好意關照她。

「不必，他還沒有下班。」她搖搖頭，她知道老孫不歡喜打牌，也不會打牌，看看錶也沒有到下班的時間，她決定自己打下去。

「說眞的，我很少看見孫先生打牌？」張太太好像發現奇蹟似的說。

「他老先生不歡喜這個調調兒。」張嬙說。

「這眞難得！」李太太讚賞一句，隨後又埋怨自己的先生：「我那位什麼都好，就是最愛打牌！」

「我看妳們兩口子眞是旗鼓相當，連打牌的嗜好也一樣。」張太太又插進來說。

「夫妻兩人興趣不相投也是一件苦事。」林太太也接着說。

「兩人有一個人不愛打牌那倒沒有什麼關係，如果走路一個要東一個要西，吃東西一個要甜的一個要辣的，或是一個愛說愛笑，一個老不開口，那才叫蹩扭！」張太太又放了一頓連珠炮。

「我看她孫先生什麼都好，就是太不愛講話。」李太太惋惜地說。

「這就是孫先生的好處，像我們這些長舌婦，死了閻王眞要割舌頭。」林太太笑着說。

張太太連忙把舌頭一伸做了一個鬼臉，引得三個人都笑了起來。

這時寶寶忽然蹦蹦跳跳地跑了進來，一面跑一面說：

「媽，信，信。」

張嬸連忙搶過來一看，知道是胡寫來的，她原封不動地往皮包裡一塞。寶寶吵着要糖吃，她隨手在面前拿了一張一元的鈔票給他，連忙打發他回去，寶寶得了錢又蹦蹦跳跳地跑了。

「怎麼不拆開看？是不是情書？」張太太斜着眼睛瞄她。

「是情書又怎樣？」張嬸白了張太太一眼。

「哼，要是有人給我寫情書呀，我一定當面拆給大家看。」張太太撇着嘴激她。

「我可沒有妳那麼大方，要是我呀，我一定要回家去關緊房門偷偷地看。」李太太用的又是一套激將法。

「我看妳們兩位積點德吧，人家孫太太可是規規矩矩的。」林太太這句話分明是幫張嬸的腔，可是她聽來比張太太李太太的話更百倍的難受。但她也只好隨口應和着：

「讓她們嚼舌根吧！」

好不容易打完了八圈，張嬸像得到大赦一樣站起身來就走，今天輸了錢不說，還兜了一肚皮的閒氣，以往她沒有讓她們檢過便宜，怎麼今天嘴也笨了，手也差了，眞是活見鬼！本來打牌是爲了解悶，想不到這一來更悶的慌，她們三個人還想拖着她再打八圈，她怎樣也不答應，她把牌往桌子中間一推說：

「對不起，我要走了。」

她剛一跨出門張太太就在後面笑着說：

「我看妳眞有點像是趕回去偷看情書呢！」

她不答話，她像小偷樣地從林家逃了回來，一走進門她就輕輕地咒駡張太太：

「眞是個老狐狸！」

第十章 情書吹皺春江水 丈夫道行老在心

回到房裡之後她眞的把門關了起來，她怕丈夫闖進來看見了不好，她現在還不想鬧翻。胡的信充滿了濃情蜜意，說來說去還是那些話，彷彿一千年也說不完似的，她看來看去也是那些話，彷彿、千年也看不厭似的。爲了怕丈夫發現這個祕密，她實在不願意胡再來信，但有一天沒有接到他的信她又下意識地希望他多來幾封。僅僅昨天沒有接着他的信她還把舊信翻出來看了好幾遍，這樣她彷彿也可以得到一種滿足。

孫這個人確實不失爲一個君子，他對於她的任何信件向來不拆開看，除非她送給他看，所以這幾封信的內容他完全不知道，他平常不願意去發掘別人的祕密，自然更不願意去發掘自己太太的秘密，他是一個坦率正直的人，他自己沒有什麼秘密，他以爲別人也不會有什麼秘密。張嫱只是爲了怕他碰見才把門關上的，而這種機動也可以說是得自李太太的啓示。

看完信之後她恨不得立刻回到學校去，立刻飛到胡的身邊去。家的吸力和孫的吸力在一天天消失，尤其是孫，他對她簡直沒有什麼吸力可講了，她對他只有憐憫沒有愛情，她覺得他太忠厚，簡直忠厚得可憐，自己有了新戀他還不知道，甚至情人的信寫到家裡他也不知道，這種人簡直是個大笨瓜。她想假如是胡，他一定早就知道，而且會揪住她的頭髮揍她，毫不憐惜地揍她！假如孫眞能抓住她的頭髮狠狠地揍她一頓，揍得她皮破血流，她心裡反而會感到一種痛快，可能會眞的愛他。他有揍她的力量，他的身體比胡高大强壯，可是他偏沒有胡那股野性，他反而溫馴得像一頭綿羊，她一看就洩氣。她從他身上找不到一點原始的野性的氣息，她繼承了夏娃的氣質，而他却沒有一點亞當的秉賦，他們兩人之間不知道隔了多少世紀，她越想越沒有意味。但她又不想立刻破裂，因爲他們兩人之間已經有了骨肉的牽連，不是簽一個字就可以分開的。再說老太太一定會誓死反對，她一定會禱告天地哭訴她父母在天之靈，這是她很不願意的。她想就這樣和胡混下去，只要孫不鬧她也決不先提出離婚請求，如果孫一鬧那就更好，樂得彼此分開。

「我就是這個主意！」她臉上忽然露出一種媚態的笑容，這種笑和她剛回家時那種淚流滿面的哭恰是一個強烈的對比，摟着兒子流淚時的她可以昂着頭大踏步地走進天堂，而這樣笑着的她却只能低着頭掩着面地滾進地獄。多少女人都是在這一念之間才分出高下的。

她把信塞進皮包之後坦然地打開房門走了出來。恰巧老太太也從廚房走了出來，她一面在圍裙上擦手一面問張嬸：

「剛才又是誰來的信？」

「學校裡的同事。」張嬸不好說是淑嫻來的，因為那樣說又怕萬一老太太先看了信封不是要露出馬脚嗎？所以她只好扯了這麼一個謊，反正老太太不會偷看她的信，不會查根究底的。

「是不是要妳回學校去？」老太太又問。

「嗯，」她點點頭。「她說我的假已經滿了，不去就要續假。」

「那妳怎樣決定呢？」老太太關心地問。

「媽，您看呢？」她狡黠地反問老太太。

「既然這樣，那妳不如乾脆回學校去，請多了假也不好，下學期教不教再說。」老太太通情達理的說。

「媽，那我明天就回學校去好不好？」她乖巧地問。

「看大慶的意思怎樣？」老太太知道她是結了婚的人，這類事情不便擅自作主，還得問問她丈夫才好。

「他前天就提議要我回學校去，他怕淑嫻忙不來。」她把丈夫那天對她講的話約略地向老太太講了一遍。

「大慶眞是個好[illegible]，他處處總是替別人着想。」老太太讚揚地說。

「他處處替別着想，就是不替我着想！」她艾怨地說。

「這是什麼話？」老太太馬上糾正她：「他樣樣由妳，連重話兒都沒有說過一句，這樣的丈夫還有什麼話說？」

「媽，別說了，剛才我不過隨口說一句，沒有什麼大了不的。」她知道這些話是說不清的，說穿了反而不妙，因此自己打漁又自己晒網。

「嬙兒，我說人心總是沒有滿足的，妳嫁了大慶這樣的人，的確是妳的造化，是再幸福沒有的了妳也應該知足。」老太太這樣教訓她。

「媽，別說了，我懂得。」她向老太太擺手幌肩地說。

「妳懂得就好，就怕妳痰迷了心竅。」老太太莊嚴地望着她。

她把老太太的話又當作馬耳東風，讓它輕輕地飄過，老太太一轉身她就白了她一眼，心裡還在這樣說：「老古董。」隨卽一屁股坐在沙發上，掏出一支烟來悠悠地抽着，抽了幾口之後又隨意噴出一個個犬大小小的烟圈，她望着那些小烟圈一個個套進大烟圈她又天眞地笑了。

隨後她又把收音機扭開，一會兒收音機響了，先是一段商業廣告，什麼店裡的皮鞋花色如何好，價錢如何公道，什麼店裡的手錶款式如何新，又是如何能防水防震？她皺了眉頭一綴，輕輕地朝着收音機駡了一句：

「見你的活鬼一大堆。」

她正想伸手去撥動，忽然放起平劇來，雖然播音員沒有報告劇名，唱片上也沒有報出「××公司特請××老板」這類介紹詞，但她一聽就知道是那家公司灌的唱片？那個人唱的戲詞，她對於此道是太熟悉了，此刻播唱的是宇宙鋒，也正是她自己的拿手好戲，這個戲她曾經登台票過很多次，所以她也忍不住跟着唱片咿咿呀呀地哼了起來，她學的就是梅派，聲音也極響亮甜潤，票這個戲她曾經贏得過很多掌聲，票玉堂春時還贏過更多的掌聲與叫好聲，她不僅唱得很不錯，那副扮相更是要只亮一亮就是一個滿堂彩。她一面閉着眼哼一面也在回憶自己登台時的情景，她又不自禁地笑了一笑。

「蘭兒，妳又在發什麼神經？」老太太走出來看見她這個樣兒又氣又笑地說。

「媽，不是我發瘋，這是趙高的女兒在金鑾殿上裝瘋。」她笑嬉嬉地說。

「我看妳也是瘋瘋癲癲的。」老太太也笑着說。

「媽，人生如戲，何必那麼一臉的正經呢？那又有什麼意思？」她一面熄滅烟蒂一面向老太太說。

「妳這孩子的想法總和別人不同，小時候兒專愛使槍弄棒，求仙慕道，大一點兒又成了戲迷，結了婚生了孩子又不理家務，還是這麼瘋瘋癲癲，我看妳簡直沒有想過正經事兒？」老太太又訴說了一頓。

「媽，我這不是很正經嗎？」她故意把身子坐正。「您還要我怎麼個正經法？像老孫那樣一步一個脚印，刻刻板板，我是一天也受不了的。」

說完之後她又馬上斜靠在沙發上。

「孩子，我是望妳好，妳別老和我抬槓。」老太太沒奈何地說。

「媽，我知道。」她故意把聲調提高。

這時她的淘氣兒子也從外面回來了，弄得一身灰，他一進門就虎的往她身上爬，她想阻止已經來不及了，因此也弄得她一身是灰，她把眉頭一皺大聲地喝斥他：

「你這是怎麼搞的？弄得我身上髒死了！」

孩子聽了她的話不但不下來，反而在她身上打起滾來了。她氣得只搖頭，老太太看了哈哈地笑：

「報應，這就是報應！」

說過之後她隨即把甥兒拖到廚房裡去洗臉洗手，不一會兒就弄得乾乾淨淨走出來。這孩子眼睛眞精靈，一眼就看見爸爸回來了，於是又虎的往爸爸身上一跳，爸爸連忙把他抱了起來。

老太太看見女婿回來了就連忙開飯，他們夫妻兩人也幫着拿盌筷，添飯，端菜。今天多加了兩樣葷菜，大家都笑瞇瞇地圍着小方桌吃。

張嫱吃到第二盌飯時忽然對丈夫說：

「老孫，我明天走。」

「回學校去嗎？」他謹愼地問。

她點點頭。

「也好。」他也點點頭。「既然在外面教書就不能老就在家裡。」

她聽了他的話心裡又好笑又好氣，暗中在罵他「傻瓜！」她奇怪她怎麼會嫁給這麼一個「死人」？連一句挽留的話也不會講，一點夫妻的溫存也不懂得？要是胡他一定會纏着不放。想着，想着，這頓飯她也食而不知其味了。

次日大清早她就起床，他好意送她上火車，她也不便拒絕。為了不讓寶寶知道，他們兩人是偷偷地走的。

在路上她沒有講什麼話，孫也只囑咐她保重身體，重視工作，有空就回來，沒空也不必請假。在她聽來這完全是官話，一點不像一個丈夫送別妻子的話，沒有一點纏綿的味兒。假如他能多說幾句私話，或是給她一次擁吻，她可能回心轉意，可是他沒有這麼說，也沒有這麼做，她簡直氣得想哭！她結婚前萬萬沒有想到她的丈夫會是這樣的傻瓜？所以分手時她只和她講了這麼兩句話：

「老孫，你什麼都好，就是太笨。」

他望着她忠厚地笑笑，望着她匆匆地走進車廂，又望着火車吃咔吃咔地開動，他這才忽然感覺到有點迷惘，連手都不知道揮動一下。

第十一章

或情或慾難分辨
是果是因且問天

回到學校之後淑嫻第一句話就問她：

「怎樣？死了心沒有？」

「大姐，妳說對誰死心？」她裝作不解地反問。

「自然是對胡野禪那個壞東西。」淑嫻理直氣壯地說。

「哼哼，」她從鼻子裡哼了兩聲：「倒不是對他死心。」

「對誰死心？」淑嫻焦急地問。

「老孫。」她簡潔有力地說。

「妳這不是發瘋嗎？」淑嫻睜大眼睛望着她。

「大姐，我沒有發瘋，我經過仔細考慮。」她非常安靜地說。

「這怎麼成呢？我要妳回去不是好意反而變成了惡意嗎？」淑嫻~~在房間裡亂轉起來~~遺憾地說。

「大姐，這不能怪妳。」她拍拍淑嫻的肩說。

「那麼怪誰呢？」淑嫻急着說。

「怪老孫。」她心平氣和地回答。

「唉唉，妳胡說，這怎麼能怪他呢？」淑嫻替老孫不平地叫了起來。

「不怪他又怪誰呢？」她逼問淑嫻一句。

「怪胡野禪，不然就怪妳自己。」淑嫻大聲地說。

「哈哈哈，」她疏狂地笑了起來，然後又對着淑嫻的臉[redacted]地說：「大姐，你錯了！」

「奇怪！怎麼我錯了？」淑嫻兩隻眼睛睜得圓圓的。

「嗯，你錯了。」她先點點頭，然後緩慢而[redacted]地說：「因爲你不知道孫是怎樣的人。」

「他是一個忠厚好人嘛！」淑嫻[redacted]叫了起來。

「嗯，這我承認。」她坦率地說。

「這不就得了？」淑嫻[redacted]兩手一攤。

「可是忠厚好人並不一定是一個很理想的丈夫。」她向淑嫻走近一步，意味深長地說：「人到底不是木頭。」

「難道孫是木頭嗎？」淑嫻也向她走近一[redacted]說。

「大姐，我告訴你，老孫是個傻瓜！」她提高嗓門叫着。

「[redacted]你別糟蹋好人，他並不蠢。」淑嫻仍然維護孫。

「不蠢？在女人面前比猪還蠢！」她[redacted]頓脚地說。

「噢，阿[redacted]，你簡直不像話！」淑嫻連忙搖頭。

「不像話？我說給你聽也許像話。」她用手整整頭髮說。

「你說說看。」淑嫻伸長脖子準備傾聽。

「本來這次你要我回去原是一番好意。」她開始這樣說。

「當然。」淑嫻點點頭[redacted]。

「[redacted]說這對[redacted]我自己是一個考驗。」[redacted]說。

「嗯。」淑嫻又點點頭。

「可是對於老孫和胡野禪也同樣是一個考驗。」她把頭一昂，奇峯突起地說。

「可是這關鍵完全在妳，不在他們。」淑嫻把眉一皺，兩眼烱烱地望着她。

「但是大姐你要知道，我是站在他們兩人中間的。」她把肩膀一幌，大聲地說：「在我未結識胡以前，我給老孫的機會是百分之百，結識胡以後，我給他們兩人的機會是相等的。我在此地胡的機會[redacted]多於孫，但我回家以後孫的機會却又多於胡。而結果胡給我的是百分之百，孫給我的却是零。你說我應該對誰死心？」

「[redacted]，別儘說瘋話吧？孫是你的丈夫，胡是你的什麼人呀？」淑嫻握住她的手臂輕輕地搖着。

「不錯，孫是我的丈夫，」她點點頭，對着淑嫻的臉說：「但是這個丈夫和妻子之間却無情愛。」

「那你們怎麼會生孩子？」淑嫻睜大眼睛惶惑地說。

「大姐，你沒有結婚，你還不瞭解這些事情。」她兩手把淑嫻輕輕一推，臉上流露着一種莫測高深的笑。

淑嫻被她這一說一笑羞紅了臉，沒想到自己反而被她教訓了兩句，真像鬼摸了頭一樣。但後來她還是以大姐的口氣勸導她：

「無論如何你們總是夫妻。」

「我也並沒有否認這種關係。」她爽朗地說。

「但是你[redacted]的行動就得檢束，最好不要再和胡來往。」淑嫻語重心長地說。

「大姐，檢束行動容易，檢束思想困難，你記得『心有靈犀一點通』這句詩嗎？」她擺手幌肩咬文嚼字地質問淑嫻。

「[redacted]就算你和孫之間沒有愛情，我看你和胡的愛情也不[redacted]正常？」淑嫻對胡始終沒有好印象，她有點替張嬙憂慮。

「也許是，」她懶散地點點頭，隨後又認眞地對淑嫻說：「但是你要知道，飢者易爲食，渴者易爲飲，在[redacted]這種情況之下，我的心靈不能沒有寄托，而且我對於胡已經無法擺脫。」

「[redacted]，你一錯不能再錯，」淑嫻捧着張嫱的面[redacted]深深地望進去：「我覺得你這種性格眞有點危險。」

「大姐，整個的人生本來就是一個未知數，我不知道我將來的結局怎樣？但是我也不願意太虐待自己。[redacted]」她握着淑嫻的手說，她的手有點顫動。

「[redacted]，我總覺得世界上最幸福的女人不是最美麗的女人，美麗就是災難，美麗而又任性那她兩隻脚就已經有一隻跨進地獄之門了！你太美麗，太聰明，又太任性，我眞替你躭心！」淑嫻不安地走動着[redacted]。

「大姐，我不是學哲學的，我不能用思考來解答人生的許多問題。關於我自己我也沒有能力解釋，我的行動也許是最好的解釋，不管上天堂也好，下地獄也好，一切由我自己負責，我決不怨尤。」她的眼裡有一種痛苦但又敢於對一切[redacted]。

「人生本來就是一個謎，誰也猜不透，尤其是愛情和婚姻，自古至今不知道迷亂了多少人？困惑了多少人？殺害了多少人？」淑嫻臉上爬過幾道痛苦的紋路。張嫱是一面鏡子，她對於自己的婚姻連想都不敢想，是幸福還是痛苦？眞是一個未知數。

「大姐，這些傷心的問題我們別再談了。」她兩手扶着淑嫻的肩頭，然後歉意地說：「這次偏勞了你。」

「沒有什麼，反正我是一個敎書匠。」淑嫻搖搖頭慘淡地一笑：「多幾堂課還不是照樣？」

「我看你把整個精力都化在敎書上了？」張嫱同情地望着她：「你也應該抽點時間消遣才是。」

「只有忙才能減少煩惱，我決不使自已空下來，一有空我就看書。」淑嫻說。

「你難道對於本身的事一點也不關心？」張嬙暗示她。

「這些年我還不是這樣過來了？」她慘淡的一笑，臉色顯得更加蒼白。「再說這種事也是可遇而不可求。」

「你是不是在等機會？」張嬙抬起頭來望着她。

「也不盡然。」她輕輕地搖搖頭。

「那[redacted]妳——？」張嬙困惑地瞪着她。

「我是在注意。」她紅着臉說：「靜靜地注意。」

「有沒有合妳理想的？」張嬙聚精會神地望着她。她希望淑嫻給她一個滿意的答覆。

但是淑嫻搖搖頭，臉色顯得格外蒼白，最後才期期艾艾地說：

「這件事很難，上帝並沒有事先把男人和女人一對對地揑好，又在他們的額角上作個記號，是完全讓他們自己去亂碰亂撞，碰得對就是恩愛夫妻，碰錯了就是寃家對頭。至於憑自己的智慧和耐性去選擇的固然有幸運的，但也也不少落空，我還不知道我是屬於前者或是後者？」淑嫻的話充滿了哲學意味，又有點哀感悽涼。

「大姐，幸福屬於智慧而冷靜的人，我祝福妳。」張嬙十分虔誠地說。假如她是一個敎徒，她一定會跪下去爲她祈禱。

「阿[redacted]我也祝福妳早天脫離魔難。」淑嫻臉上洋溢着一種聖潔的光輝。

「大姐，命運常常捉弄我，這也要看我的造化。」她雖然不相信張鐵嘴李瞎子之流的相命先生，可是她這二十多年來的坎坷和一些意想不到的奇奇怪怪的遭遇，她也無法解釋，既然大家都把這類事情稱之爲命運，她也只好接受這個現成的事實。

她的話剛說完，女工阿銀就匆匆地跑了進來，嘟起嘴巴對她說：

「張老師，外面有人會妳。」

「誰？」她奇怪地問。

「是一個男的，他說他姓胡，我也不知道他到底姓胡還是姓吳？」下女氣咻咻地說。

淑嫻聽了好笑，張嫱的臉色却忽然發白，馬上又一紅，帶着幾分氣促地對淑嫻說：

「大姐，我去看看……」

她的話還沒有說完人就三步兩步地跑出去了。

淑嫻望着她那修長窈窕的背影發出一聲無限的感嘆：

「緣耶？孽耶？」

第十二章

得寸進尺無顧忌　左思右想尚猶豫

胡野禪一看見她就伸出手臂來夾住她往外走。不知道是一種什麼魔力？她一點也不抗拒，反而乖乖地跟着他走。走不多遠就遇着一輛三輪車，於是他們雙雙地跳上去了。

車夫問他們上那兒去？他們兩人你望望我，我望望你，不知道究竟上那兒去好？胡野禪忽然靈機一動，笑着對車夫說：

「包兩個鐘頭，隨便你拉。」

張嬙連忙擺手：

「不，不，不！」

「爲什麼？」他奇怪地望着她

「這有點像遊街示衆，學生同事碰見了都不大好。」她笑着說。

「有學問，有學問！」胡野禪在她肩上重重地拍了兩下，隨後又問她：「那我們究竟上那裡去？」

她遲疑了一下才說：

「我還有事，我想你還是讓我回學校去？」

「妳爲什麼說這種掃興的話？」他翻着白眼問她，隨後又在她耳邊輕輕地講了兩句什麼話，她起先臉一紅，但又不自覺地點點頭。

車夫聽了胡野禪的吩咐就一股勁兒踏着向目的地走，他走的路線也是由胡野禪指定的，不是大街，而是沿着一條水渠的小路，汽車不能通行，僅能容三輪車和自行車行走，沿路風景還不錯，有夾竹桃和各種各樣的常綠灌木，現在正開着紅的白的花朵，尤其是夾竹桃，開得燦爛極了，那深紅色的花，還比桃花更多一點鬧意，那柔弱的枝幹一陣風吹過之後就搖擺不停，與桃花又別有一種風致，胡野禪又不禁引了兩句詩經：

「妳看，眞是桃之夭夭，其葉蓁蓁。」

「老先生，此桃非彼桃、你不要弄錯了。」她笑着糾正他。

「神經病，誰同妳分什麼彼此？」他把她往懷裡一拉，她瞪了他一眼，隨即自然地靠了過去。

「噢，妳怎這樣瘦？」他忽然發現她的臉瘦削了許多，蒼白了許多。

「不爲悲秋，非關病酒。」她靠着他的肩頭唸詩般地說。

「莫非是相思二字？」他輕薄地學着平劇道白的腔調說。

「你別再輕佻好吧？怎麼這個毛病老是改不掉？」她嗔怪地說。她對於他說話以及舉動方面的種種輕佻樣子曾經當面勸過好幾次，信裡也一再提過。

「假如我眞的去掉了這個毛病，也許會同時失掉妳。」他在她耳邊輕輕地說。

她聽了忽然一怔！他的話是假是眞？她自己也有點悵惘。她不知道怎樣回答他？老孫就是因爲太正經，所以她覺得他太笨；胡野禪渾身不正經，她却認爲他非常風趣。正經和笨，輕佻和風趣，這其間究竟有什麼差別？她一向沒有查過辭源，現在也就不求甚解了。再則她自己對他的情感也眞有點捉摸不定，她好像一個探險的人，只要覺得新奇有趣，她也就永遠樂此不疲，胡野禪正具有這種魔力。要是他也一板正經，也許她眞的會調頭而去？

「怎麼妳不說話了？」他彷彿看透了她的心思似的望着她

「嗨，我也不知道怎麼說好！」她搖着頭笑了。

「我看妳眞亂！」他笑着在她臉上擰了一下。

「假如我也像淑嫻那樣頭腦冷靜，那你就別想吃天鵝肉！」她把眉毛往上一擰，嘴角往下一撇，又儼然像一位神聖不可侵犯的貴婦人。

「得了，別在孔夫子面前賣文章，我這個癩蝦蟆也能上天的。」他白了她一眼，又在她肩上拍了一下。

「好，算你行。」她用眼角掃視了他一下：「也許是我前生欠了你一筆債？」

「好了，別抬槓了，我還有很多話沒有講呢。」他把她再攬緊一點，鄭重地說。

「還有什麼話好講？」她昂起頭來問他。

「我們信裡談的那件事。」他睜着眼睛定神地望着她。

「離婚？」她把眼睛向上一翻，在他臉上打了一個問號。

他點點頭。

「現在還不可能。」她搖搖頭爽快地說。

「妳沒有決心？」他輕微地一怔。

「也可以這麼說。」她懶散地點點頭。

「那麼妳還愛他？」他眼睛裡噴射着妒嫉的火燄。

「不。」她肯定地說。

「那又為了什麼？」他也不免惶惑起來。

「沒有理由。」她十分平淡地說。

他低頭沉思了一會，隨後又昂起頭來問她：

「妳既然不愛他，難道不可以找個藉口嗎？」

「我們這件事他還不知道，他是一個無辜。」他仍然有幾分同情丈夫。

「妳想對他仁慈？」他翻着白眼譏諷地說。

「也不盡然，」她搖搖頭說：「只要沒有妨礙，我們又何必自找麻煩？」

「妳怕麻煩？」他把她攀過來，兩隻眼睛灼灼地望着她。

「不是怕，而是沒有十分必要，因爲我不比你。」她冷靜和緩地說。

「妳不比我？」他指着自己的鼻尖問。

「嗯，」她點點頭。「我有老太太，還有兒女。」

「一切由我負責。」他連忙拍拍胸說。

「卽使老孫同意，老太太也不會同意。」她說出了她的顧慮。

「奇怪！又不是老太太自己的事，她爲什這樣愛管別人的閒事？」他的大嘴巴一撇，顯出了不大樂意的樣子來。

「可是這類的事老太太最忌，她對我的事比對自己的事更關心，假如她知道我——」她說到這兒忽然停住了。

「知道了又怎樣？」他滿不在乎地說，彷彿天塌下來也無所謂。

「那會罵得我狗血噴頭的！」她重重地吐出了這句話。

「老太太怎麼這樣不明事理？」他眉頭一皺，心裡對老太太有十二分的不樂意。

「她可明白得很！她什麼都不怕，就只怕我出醜。」她又重重地說。

「現在男女離婚是常事，這又有什麼了不起？」他慫恿她。接着還舉出了許多中外名人離婚的例子，以及自己的太太要求離婚的經過。

「在你是常事，在她可不如此。」她把身子坐正起來。

「那這件事非先得到老太太的允許不可了？」他把頭湊過來惶惑地說。

「當然。」她點點頭。

「妳對她講過沒有？」他忽有所思地問。

「我還沒有這麼大的勇氣。」她搖搖頭低沉地說。

「那我去講好了！」他把頭一昂，胸一挺，擺出一副天不怕，地不怕的樣子來。

「做做好事，千萬別闖禍。」她按住他說。

「那就這樣算了嗎？」他不甘心地把眉往上一擰，眼睛向上一翻。

「難道這樣你還不滿足嗎？」她也抬起頭來頂撞他。

「我早說過了，我的字典裡面沒有犧牲，只有獨佔。」他坦白地說。

「不要你犧牲行嗎？」她諷刺地笑着。

「還是要獨佔！」他斬釘截鐵地說：「我決不容許別的男人同時佔有妳。」

「你太得寸進尺了！」她白了他一眼。

「我可不做蝕本生意。」他把臉一沉。

她心裡又一怔，然後十分痛苦地問他：

「你還要我怎麼辦？」

「嫁給我，和我結婚。」他猛力地把他摟在懷裡，使她幾乎喘不過氣來。

「你這是何苦來？」過後她怔忡地望着她。

「我就是這個樣子，決不拖泥帶水！」他每一個字跌在地上都會發出錚錚的響聲。

她聽他這種話再看他這種堅決的態度，她才知道男人到底是男人！她自己的原來所謂不拖泥帶水也者還相差一萬八千里哩！

「你能不能容許我從容考慮？」她幾乎是懇求地說。

「可以，」他用力一點頭，又向她擲出這樣的通諜：「但妳也應該給我一個期限。」

「你爲什麼這樣急？」她皺起眉來說。

「我向來是說幹就幹。」她響亮地說。

「你考慮過我對你有什麼好處嗎？」她偏起頭來問他。

「嚴肅時如讀聖賢經典，詼諧時如讀小說傳奇，嬌嗔時如臨狂風驟雨，恬靜時如對明月淸風，終生相處如遊名勝湖山，其樂無窮。」他一流水地說了這麼些話，一點不打疙瘩。

「寃孽！寃孽！」她被他說得忍不住笑了起來。

於是他又把她攬在懷裡，她臉上也顯出一種愉快恬靜滿足的表情。

到達目的地時他用脚在踏板上蹬了幾下，車伕馬上把車子刹住，他隨手掏出十塊錢給車伕，車伕連二話也沒講一句，於是他大模大樣地挽着她向一座漂亮的建築走進去。車伕的視線跟着他們兩人的背影看上去，這才發現門楣上橫寫着四個何體字：

新月旅社

車伕臉上馬上浮起一絲迷惘的笑容。

第十三章　品頭論足新風韻　人言不畏故人行

第二天上午張嫱才回到學校來，她精神煥發，步調輕鬆，頭髮重新做過，指甲也塗過油，臉蛋雖然稍顯清癯一點，秀麗之氣却溢於眉宇。整個地看來，她不僅美麗動人，同時也顯出一種高貴的氣質。

她這天上午的課還是由淑嫻自動代她上了。一見面她又向淑嫻道謝。淑嫻則把她從頭到脚地端詳着，半天沒有講一個字。

「大姐，我今天這個樣兒妳是不是有點看不順眼？」她是個聰明絕頂的人，她笑着問淑嫻。

「不，」淑嫻搖了一下頭又接着說：「我只覺得妳太美麗，比任何時期都更美麗，我看了都有點目眩神迷。」

「大姐，別開玩笑了，現在又不是十八歲，還講這些廢話幹嗎？」她向淑嫻親切地說笑。

「阿嫱，我從前以爲女人最美麗的時候是少女時代。」淑嫻感慨地說。

「是呀！那是我們女人的黃金時代。」她高聲地回答。

「不，現在我的觀念改變了。」淑嫻又從頭到脚看了張嫱一眼。

「什麼原因？」

「因爲我從妳身上得到一個新的發現。」淑嫻指着她說。

「少婦時代的我還是少女時代的我，有什麼新奇的？」她[illegible]地笑着，那樣子更加[illegible]感。

「不是開玩笑，這是眞話。」淑嫻握着她的手，輕輕地拍了幾下。

「我倒看不出來眞有什麼分別？」她走到鏡子面前端詳了一下又轉過頭來對淑嫻說。

「少女時代的妳是一種樸質的美，[illegible]眞的美；少婦的妳是成熟的美，富有風韻和一種少女時代所沒有的魅力。分別就在這裡。」淑嫻總是擅長於分析，她像在教室裡講解習題那麼清脆利落。

張嫱聽她這麼一講沒有再作聲，她想到昨夜胡野禪對她講的那些輕薄話不期然而然地又在淑嫻嘴裡得到一個印證。

「不過妳越美麗就越增加我的隱憂，我認爲這決不是妳的幸福。」淑嫻看見她默默不語，這才說出她內心想說的話來。

「大姐，那妳又何必繞這麼大的圈子呢？」張嫱笑着白了淑嫻一眼。

「阿嫱，如果我一開口就這麼說恐怕妳聽不進去？」淑嫻說着也抿着嘴笑了。

「我們之間還用得着什麼外交詞令？妳愛怎麼說就怎麼說好了。」她非常坦率的說。

「那麼我問妳，妳昨兒晚上在那兒過的夜？」淑嫻這才開門見山地問她。

「和胡一道嘛。」她也毫不掩飾。

「阿嫱，妳眞是聰明一世糊塗一時，妳這樣胡鬧下去怎麼行呢？」淑嫻急得只顧搓手。

「大姐，依我看，我只能這樣下去。」她低沉地回答。

「妳不愛惜孫的名譽難道也不愛惜妳自己的名譽？」淑嫻攤開兩手說。

「當然愛惜。」她肯定地說。

「那妳爲什麼不檢點？」淑嫻逼近一步問。

「我實在沒有辦法兩全。」她痛苦地說：「我不能一面偷漢子一面又要貞節牌坊？」

「這兩者之間妳應該有個選擇。」淑嫻十分莊嚴地說。

「我寧可不要貞節牌坊！」她賭氣地回答。

「那麼你們這種事是沒有辦法挽救的了？」淑嫻退後一步失望地望着她。

她木然地站在那裡，半天才搖搖頭，拖長着聲音說：

「沒有辦法。」

「[redacted]，過來，我們坐下來談談！」淑嫻把她拉過來，讓她坐在椅子上，她自己則坐在床沿上，兩人面對面地坐着。坐定之後她就說：「妳知道學校裡的同事，學生，對妳的觀感嗎？」

「那還用說？八成兒不會好。」她把眼睛一閉，手一攤。

「不，起先倒把月對妳很好。」淑嫻立刻辯正。

「後來呢？」她懶散地伸着脖子問。

「自從妳認識胡之後——」淑嫻說到這兒就不再說下去了。

「怎樣？」她微微睜開眼睛問。

「慢慢轉變了。」淑嫻很快地回答。

「妳不說我也想像得到啦！」

「最近情勢又變了。」

「怎麼個變法？」

「我不在時同事們常常議論紛紛，我一走到他們就忽然停止，這使得我非常尷尬。」

「大姐，眞難爲妳。」她拉着淑嫻的手說。

「假如妳不這樣胡鬧，我們兩人在這兒是很受人敬重的。」

「本來他們就不敢瞧我們不起！」她把嘴巴往下一撇，眉毛向上一揚。

「可是現在他們敢了。」淑嫻大聲地說。

「別理[redacted]他們[redacted]！」她重重地說[redacted]。

「妳說得倒簡單，妳不知道人言可畏？」淑嫻白她一眼。

「講又怎麼樣？妳以為我會怕他們？」她站起來虎虎地說，像要和人吵架似的。

「唉，唉，妳坐好，我又不同妳吵架。」淑嫻把她按捺住。然後溫柔地說：「我知道妳不怕人，但是我們必須講理。」

「講理？」她把眉毛一豎，眼睛一瞪：「誰敢當着我的面哼一聲我不打歪他的狗嘴那才怪！」

「自然沒有這麼傻的人會當面轟妳，可是妳一走人家就會在後面擠眉弄眼的。」淑嫻說這話有憑據，她曾經無意中看見一位男老師向張嬙背後做鬼臉。

「耳不聽，肚不煩，管他的！」她滿不在乎地說。

「假如大夥兒鬧到校長那兒去那就不大好辦。」淑嫻知道校長已經對她不滿，一方面因為胡是他過去的同事，礙於情面，不好意思給他們兩人難看；一方面又因為張嬙是她介紹來的，她在學校有三年的歷史，深得同事和學生的愛戴，俗話說投鼠忌器，他只得暫時裝聾作啞。萬一同事們羣起而攻之那時他也就無法顧全了。

「大不了解聘，粉筆灰也只有這麼好的味道！」她把手一摔，好像眞要摔掉什麼似的。

「阿嬙，要走妳也應該好好地走，不能讓人家攆走，反正這學期的日子也不多了，無論如何妳也要好來好去。」淑嫻像一個長輩苦口婆心地勸她。

「好，我聽妳的。」她霍地站了起來。「從今天起我好好地教書，可是他們也別干涉我的行動，免得大家沒趣。」

接着她就和淑嫻把功課作了一個交代，淑嫻詳細地告訴她國文教到那一課，高三初三教到什麼地方？一切講清楚之後淑嫻又從自已房裡抱出一大堆作文簿來往她桌上一放：

「這些卷子我昨天夜晚改了十幾本，還有四十多本妳自己改好了。」

張嬙看見這麼一大堆作文簿就兩眉一皺，然後望着淑嫻說：

「大姐，虧妳敎了這麼些年。」

「當初我也沒有想到會做敎書匠？」淑嫻苦笑着，她以前是想大學畢業之後再出國深造，假如不是時局的關係，她已拿到博士頭銜了。

「以前我們上中學時都看不起我們的先生，說他們沒有出息，誰知道今天我們也只有這麼大的出息？」張嬙說過之後又哈哈地笑了。

「這就叫做：後生可畏，焉知來者之不如今也。」淑嫻又苦笑着，她覺得自己還不如過去那些敎她的先生們[illegible]。

「大姐，說來我眞慚愧，當初我是不把那些先生放在眼裡的。」她說時的確面有愧色。

「妳是誰也瞧不起的。」淑嫻還記得她過去恃才傲物，盛氣凌人的樣子。

「可是現在誰也瞧不起我了！大姐，妳說是不是？」她望着淑嫻慘淡地笑着。

「[illegible]但願妳好自爲之。」淑嫻安慰她。

談了一陣閒話之後淑嫻就告辭了出來，誰知道一踏出房門就和下女阿銀撞了一個滿懷，淑嫻怔忡忡地望着她：

「妳有什麼事要這麼慌慌張張的？」

「對不起，劉老師，」阿銀連忙道歉：「張老師有電話。」

張嬙一心在桌上清理卷子，所以沒有注意到淑嫻和阿銀相撞的事，及至聽到阿銀說有電話，她這才抬起頭來，嘴裡還煩躁地咒罵：

「是那個該死的東西偏在這種時候來什麼鬼的電話？」

「張老師，是姓胡的打來的。」阿銀連忙伸着脖子說。

她一聽說是胡打來的就連忙把一大堆卷子往桌子中間一推，然後像隻黑貓似的一溜烟地從淑嫻和下女中間唰的一聲擦了過去。電話機也正在噗噗噗地響着。

阿銀望着淑嫻若有所悟地一笑。

第十四章

男爲女織心緒亂
月明花好麗人行

本來胡野禪今天又想約她出去，但她覺得如果今天再出去實在對不起淑嫻，同時還有許多作文簿等着她批改，所以她婉詞拒絕了。不過還是答應了他下一個約會。

這天夜晚她打了一個夜工，一口氣改了三十多本作文簿，在這麼多的作文簿中只有兩三本她覺得比較滿意，其他大多數都是一團糟，不是錯字連篇就是文不對題，她看過之後不禁搖頭嘆息，這些學生的國文程度比起當年她和淑嫻這班人來眞是相差太遠了。她記得她們唸初中時就開始偷偷地向報紙副刊定期雜誌投稿了，而且還像偶爾有一兩篇被編輯先生留下來，也居然在白紙上印成黑字了。現在這裡面就沒有一篇能提得上她們的，她眞覺得一代不如一代，想到這兒她又不免自負起來，像她還能和胡謅謅詩經，將來這些孩子恐怕連「窈窕淑女，君子好逑」也不懂呢？不過他們或許會用 Darling 這類洋文來代替？想着想着她又好笑起來。

她看看腕錶已經十二點過兩分，於是她站起來伸個懶腰，又自然地打了一個呵欠，然後把作文簿子，筆硯，一樣樣收檢起來，她預備睡覺了。

她把被子打開，但並不馬上睡下去，她和衣斜靠在床頭，兩腿交叉地坐在床上，她不是一個教徒，她沒有睡前祈禱的習慣，可是她閉着眼睛在想，她想着老太太，想着兒女，也想着丈夫，一想起丈夫她就有點自怨自艾，她眞奇怪當初怎麼會答應和他結婚？當時她好像只覺得他這人也老實得可愛，她完全抱着一種兒時玩泥娃娃和木偶的心理來看他，她認爲玩厭了隨時可以丢掉，沒想到結婚會是這麼嚴重的事情？她是從來沒有把任何事情看得嚴重的。在中學和男老師談戀愛她就沒有想到什麼品行分數，或者記過開除這類事情上來，和老孫結婚除了因爲時局緊張的原因之外她也是抱着騎着驢子看唱本的心理——走着瞧，她也以為沒有什麼了不得，合則留，不合就一撒手，還不是各走各的路？想不到事到今天並沒有這麼簡單，除了老孫不見得會同意離婚之外，還有兒女，還有老太太，他們雖然不是當事人，可是他們却比當事人更値得顧慮，這是她結婚以前萬萬沒有想到的。

「唉！眞是倒了八輩子楣！」她忽然重重地敲了幾下後腦殼，這個問題就這麼不了了之！她不再想下去了。

之後她又忽然想起胡野禪來。一想到他那副猴相她就好笑，他說話做事都是那麼猴急的，有趣的。她想假如在未婚之前就碰着他那不是可以減掉這許多麻煩嗎？但她馬上又自己糾正自己：「不，不，不！那時他正有太太。」她知道他大她十來歲，他結婚時她還是剛上中學的黃毛小丫頭哩！但她隨後又想到他們現在的關係，她覺得他們兩人是完全處於平等地位的，她並不覺得自己是小孩他是大人，她只覺得他們兩人是這麼的接近，這麼的不分彼此，好像兩人的心都可以互相看見似的，現在所差的只是一種形式，她自己對於這種形式倒是無所謂的，但他却很注重這種形式，彷彿不經過那俗套他就不能獨佔她似的？事實上她已經完全屬於他，他還有什麼不滿足呢？想到這兒她又有點替老孫叫屈！她想假如她自己是個男人，她一定要把這種女人揍個半死，但是老孫却從來沒有打她的意念，即使他一旦知道她和胡的這種關係，她也相信他不會伸手打她的。

「唉，可憐的老孫。」她一半憐憫一半諷刺地說。

儘管她心裡對老孫時常憐憫，（尤其是在和胡野禪幽會以後她就很自然地會產生這種情感）但是她對老孫仍然不會發生愛情，她只想到要和胡在一起，決不想到要和孫在一起。這學期結束之後，假如學校繼續聘她，她還是願意教下去的，因為在此地可以經常與胡見面，在家裡就沒有這麼方便。但一想起淑嫻對她講的那些話，她又覺得自己沒有續聘的可能，同事們一定會在校長面前攻擊她，使她無法再教下去，想到這兒她又怪那些同事們多事了！「這班傢伙眞討厭！爲什麼專愛管別人的閒事？」她用手在大腿上一搥，狠狠地說。她想，假如誰也不管誰的事那該多好？那這社會就不會有什麼是非了。像現在這樣做任何事都要顧慮這多彆扭？古人說：「瓜田不納履，李下不整冠」，在她看來簡直是自作孽，妳愛怎樣便怎樣不更好嗎？在瓜田裡鞋子脫了難道讓它丟掉嗎？只要自己不存心偷瓜爲什麼不可以拔拔鞋後跟呢？

「我可不管這些！我不作僞君子。」她心裏又這樣憤憤地說。

忽然一隻灰色的老鼠在牆脚洞裡探出灰色的小腦袋來，兩隻幽靈樣的小眼睛正朝着她這個方向窺探，看看沒有什麼動靜牠就把整個身子爬了出來，小眼睛仍然朝着她這個方向窺探，她不知道是那兒來的一股子火氣？她悄悄地拾起一隻皮鞋用力地向牠扔過去：

「去你的！我就看不慣你這種賊相！」

鞋子剛好打中了，老鼠痛得吱吱地往洞裡鑽，她高興得拍手，哈哈地笑了起來，隨後嘴裡還輕輕地罵着：

「你這種鬼東西不給你一點教訓你還不知道老娘的厲害！」

隔壁的淑嫺起先聽到啐啐的響聲忽然一怔，隨後就用手敲着甘蔗板輕輕地向她這邊發問：

「阿嬙、妳還沒有睡？」

「嗯，」她把頭靠近甘蔗板說：「大姐，怎麼妳也沒有睡？」

「不知道怎麼的今夜我老睡不着？」淑嫺煩惱地回答。

「我過來陪妳談談好嗎？」她稍微提高一點聲調說。

「那不好，會妨礙別人睡覺。」淑嫺輕輕地回答。

「那麼我們去校園裡散散步怎樣？」她從窗口望見校園裡有很好的月色，馬上向淑嫻建議。

「不會着涼？」淑嫻遲疑地說。

「我們可以多披件外套。」她看了一眼掛在衣架上的短外套說。

「也好。」淑嫻表示同意。

於是張嬙從床上一骨碌地翻下身來。她穿着一隻鞋子一跛一跛地走向牆脚拾起那隻打老鼠的鞋子隨手穿上，然後又走向衣架取下那件短外套披在身上，再把房門輕輕地打開，又輕輕地帶上。她正想推開淑嫻的房門時淑嫻却已把房門打開了，她也加了一件短外套，於是她們兩人牽着手兒悄悄地走進校園。

外面的月色眞好，滿地清輝，樹葉上草地上已經有露，露水在月光下閃着銀色的光亮。園裡的木瓜樹，椰子樹，夾竹桃，以及那幾棵高大的桂圓樹都靜靜地立在月光下，彷彿等待她們去檢閱似的。走到一株夾竹桃旁邊淑嫻忽然停了下來，用手抓着一簇花枝向張嬙讚賞地說：

「妳看這花開得多美？」

「嗯，上面還有露珠呢。」張嬙隨聲應和，又用手去摸摸花上的露珠。

「那第一個把女人比作花的人眞是一個天才。」淑嫻微微感歎地說。

「何以見得？」張嬙偏起頭來問。

「因爲花很嬌美。」淑嫻說。

「可是不能長開。」張嬙搶着說。

「這正象徵我們女人青春的短暫。」淑嫻蒼白的臉上浮起一絲慘淡的笑容。

「大姐，不要說這種喪氣話。」張嬙馬上阻止她。

「可是事實如此。」淑嫻冷靜地回答。

「難道他們男人就永遠年青嗎？」張嬙不服氣地把頭一昂。

「可比我們女人經得起時間的折磨。」淑嫻眼睛看着地下，聲音低沉。

「哼！」張嬙鼻子裡哼了一聲：「到了五十六十還不是一隻老烏龜！」

淑嫻聽了抬起頭來嗤的一笑，同時用手拍着張嬙的肩說：

「阿嬙，妳總是這樣玩世不恭！」

「這世界本來就沒有幾個值得恭維的人，沒有幾件值得恭維的事！」她擺手幌肩地說。

「妳這些奇怪的觀念是從那兒得來的？」淑嫻笑着問她。

「從娘肚皮裡帶出來的。」她迅速地回答。

「東坡居士曾經說過自己一肚皮不合時宜，我看妳也犯了同樣的毛病。」淑嫻擁着她說。

「可惜我沒有他那樣的高才。」張嬙嬉笑着說。

「更可惜的妳是女人。」淑嫻十分惋惜地望着她。

「不然我也可以買婢置姬了，是不是？」張嬙頑皮地望着淑嫻。

淑嫻起初略顯驚愕，隨後又輕輕地呵斥她：

「妳總有這些奇奇怪怪的想法。」

「大姐，不是我奇怪，是這世界太奇怪。」她笑着拍拍淑嫻的手，一臉孔玩世不恭的樣子。

「怎麼這世界太奇怪？」淑嫻睜大眼睛望着她。

「怎麼不是這世界太奇怪？」她也睜大眼睛說：「男女平等喊了幾十年，到頭來還是女人吃虧。男人即使不明目張胆納妾，却可以大搖大擺地逛酒家，上妓院，法律並沒有給他們制裁，女人有一點不規矩的行爲就人言嘖嘖，報紙上也用大字標題標出什麼不安於室啦，紅杏出牆啦！不知道這是一種什麼社會心理？」

「這是整個社會問題，不是一天能够解決的。」淑嫻心平氣和地說：「主要的還是靠我們女人自己爭氣。」

「可是我們這些女同胞就沒有一點男子氣，總是站不直。」她有點生氣。

「莎士比亞說過：『弱者，妳的名字是女人』。我們女人在先天上本來就有弱點。」淑嫻引經據典地解釋。

「大姐，我可不同意什麼鬼莎士比亞！」她馬上抗議。

「自然妳是一個例外。」淑嫻馬上陪着笑臉說：「可是，這也正是妳最吃虧的地方。」

「管他的！我還是我行我素。」她把頭一昂，眉一揚，目空一切地說。

沉默片刻之後，張嬙忽然若有所感地對淑嫻說：

「大姐，我看妳還是早點結婚吧？」

「我也正爲這個問題苦惱。」淑嫻低下頭來。

「妳眞沒有對象嗎？」她望着淑嫻的臉問。

「的確沒有。」淑嫻搖搖頭，隨後又補充一句：「不過最近陳老師好像很注意我。」

「是那位敎英文的陳老師嗎？」張嬙急切地問。

「正是。」淑嫻點點頭。

「妳對他的印象怎樣？」她搖搖淑嫻的肩膀。

「他是這學期才來的，看樣子人還不錯。」淑嫻一眨眼就好像看見一個三十左右的高大健康紳士型的男人。

「他對妳有什麼表示？」

「好像格外親切，」淑嫻吞吞吐吐地說：「今天他曾經在一本書裡夾來了一封信給我。」

「那不頂有意思嗎？」張嬙爽直天眞地笑着。

「可是我不知道應該怎樣答覆他？」淑嫻不知所措地搓着手。

「那不簡單？」她爽快地說：「愛他就回他的信，不愛他就裝作根本沒有那回事兒！」

淑嫻聽了先是一笑，然後又輕輕地說：

「阿嬙，我不能比妳，妳是大板斧劈木柴，一下兩塊，我却有很多顧慮。」

「顧慮什麼？」她大聲大氣地說。

「譬喻說他的家世，他的性格，他的志趣……自然最重要的還是他有沒有結過婚？這些必須事先弄清楚，等到生米煮成熟飯那就遲了！」

「哎喲我的大姐！」她嘆了口大氣說：「等妳把這些事情弄清楚了不又要等他三年六個月？」

「這種事情總不宜太急。」淑嫻十分理智地說。

「那妳打算怎樣呢？」

「我正想考慮考慮。」

「可不能天天失眠囉！」張嬙取笑她。

淑嫻也不好意思地笑了，隨後又反問她：

「那妳今夜怎麼也遲遲未睡？」

「先是改卷子，後來又想那些煩死人的問題！」她坦白承認。

「想出個結果沒有？」淑嫻笑着問。

「唉！米湯裡洗澡，一塌糊塗！」張嬙說着自已也忍不住笑了。

淑嫻也笑了。

於是她們又一道漫步，午夜的空氣格外清新，吸進來有一種沁涼的感覺，使人非常舒暢。張嬙無意地掠掠頭髮，手上立刻有一種濕溜溜的感覺，一看盡是露水，她們這才知道露重了。

「我們回去吧？」淑嫻提議。

「好。」她挽着淑嫻的手一逕向寢室走來，地上並排地印着一雙儷影，一個修長窈窕，一個嫻靜端莊。

走到寢室門口，張嬙就着燈光把錶一看，已經兩點過五分，她伸伸舌頭說：

「糟糕，明天早上八點我還有一堂課。」

「放心睡，我叫妳。」淑嫻笑着把她輕輕地推進房去。

一走進房她就毛手毛脚地搶着脫衣服，脫鞋子，然後把身子重重地往床上一躺，蒙着頭睡了。

第十五章　聰明才貌如野馬　臨機應變是雌威

次日早晨七點半鐘，淑嫻走過來把她叫醒，她睜着惺忪的眼睛迷迷糊糊地問：

「妳還沒有睡？」

「我睡過了，現在已經七點半了。」淑嫻笑着伸過手去把錶拿給她看。

「該死！我眞睡糊塗了！」她把被子一掀，一骨碌地坐了起來。

「睡得好嗎？」淑嫻笑着問她。

她先點點頭，隨後又輕輕地說：

「做了個夢。」

「夢見什麼？」

「還不是他。」

「孫嗎？」

「胡。」

「我看妳眞入了迷。」淑嫻指着她的腦袋說。

「妳睡得怎樣？」她笑着問淑嫻。

「無夢的睡眠。」淑嫻淸爽地回答。

「這就是幸福。」她點頭讚賞。

「大概因爲我的生活是個空白？」淑嫻迷惘地說：「妳常作夢嗎？」

「幾乎每夜都在夢中，」她把頭一點，又嘆口氣：「唉！我眞是在夢中生活。」

「人家說日有所思，夜有所夢，我看妳最好多作點修心養性的功夫。」淑嫻勸她。

「我沒有妳那麼好的修養。」她掠掠蓬亂的頭髮說。

「其實這也不難，只要能靜。」淑嫻站在床前的樣子眞的很嫻靜。

「靜？那不要命！妳知道我是蹦蹦跳跳慣了的。」她霍地站了起來，又不住地用手掠掠頭髮。

「不然妳就少思想一點。」淑嫻隨手替她拂拭一綹凌亂的頭髮。

「其實我想的時候還沒有妳多，妳像一個哲學家樣地老是沉思，我還沒有這種習慣。」她邊穿衣邊說。

「我可不大想男女之間的事情。」淑嫻臉上顯出聖女般的清輝。

「這就是妳和我不同的地方，」她向淑嫻一笑：「我們兩人恰巧代表女人的兩面。」

「那兩面？」淑嫻輕輕地問。

「神的一面和魔鬼的一面。」她一邊彎着腰架着腿穿襪子，一邊淸脆地說。

「那麼我是——？」淑嫻指着自己的胸口問。

「妳自然是神的一面。」她抬起頭來說。

「妳呢」？

「我自然是魔鬼的一面，這還用說？」她放誕地一笑。

「不，我覺得妳一個人就代表女人的兩面。」淑嫻馬上辯正：「其實神的一面倒時常在妳身上出現。」

「我倒覺得我時常站在魔鬼這邊。」她正面對着淑嫻率眞地說。

「這就是妳可貴的地方！」淑嫻捉住她的手臂激動地說：「妳不戴面具，妳始終是原形。」

「因爲我是野馬，不是狐狸。」她幌着肩膀一笑。

「誰要是能降服妳，駕馭妳，那他一輩子也受用不盡！可是我還沒有發現眞有其人。」淑娴深深地看着她那美麗而淘氣的面孔感慨地說。

「胡吧？」她立刻做了個鬼臉。

「那是妳的錯覺。」淑娴笑着說。

「大姐，我不再和妳談這些了。」她笑着碎步跑向洗面架前，阿銀已經打好洗臉水了。

她毛手毛脚地把毛巾往臉盆裡一按，立刻濺出許多水來，鞋子也沾了幾滴，她把脚一頓，笑着罵了自己一句，然後又用香皂在毛巾上用力擦了幾下，再在臉上胡亂地洗擦，當她把毛巾再放到臉盆去時你就可以看到她滿臉都是白色的肥皂泡了。

淑娴看見她這副樣子只好抿着嘴笑。

她把臉擦乾之後又搖頭幌肩地走過來向淑娴笑着說：

「妳看我亂成什麼樣子？」

「妳十年前是這個樣子，現在還是這個樣子。」淑娴微微皺起眉說。她很快地就想到她十年前的小姐脾氣，那時她還在上中學，她早晨起得很晏，上課時常常蓬頭散髮，來不及梳洗。她又愛好運動，排球，籃球，網球，樣樣都玩，甚至羼在男生中間踢幾脚足球。弄得一身臭汗之後就像剛才這樣亂七八糟地洗一通，弄得滿地是水。

「這就叫做江山易改，本性難移。」她嘻嘻哈哈地說，又隨手抓起一把梳子在頭上梳了幾下。

「我還是懷念我們唸書的那段日子。」淑娴望着窗外的藍天說。那時的生活很有趣，她也有很多理想，現在的生活很刻板，她除了婚姻問題偶爾煩心之外，幾乎完全進入一種老僧入定的境界，沒有理想，更沒有幻想，假如不是張嬙在一塊兒那更興味索然了。

「我可不那麼想。」張嬙把頭髮用力一甩。

「妳又有奇怪的想法？」淑嫻微笑地問她。

「那時候先生老是考我，眞不開心。」她微微嘟起嘴巴。

「現在呢？」

「現在該我們考學生了！」她又噗哧一笑。

「阿嬙，妳是個怪人！」淑嫻輕輕地罵她。

「有時我也覺得自己在發神經病。」她望着淑嫻癡笑。

「妳不是發神經病，妳是聰明過頂，胆大妄爲。」淑嫻笑着罵她。淑嫻很佩服她各方面的天才，這不僅表現在功課方面，也表現在運動方面，戲劇方面。可是她就是不肯認眞！唸書決不用功，完全是應付考試，因此成績總是在十名左右；運動也完全是隨興之所至，不但球類玩得不錯，百米兩百米也很拿手，可就是不肯經常練習，因此也沒有選手的份；平劇她只開開留聲機多聽幾次，或是去戲院子多看幾次，她就能唱能做，而且還蠻够味兒，總算她在這方面多化了點功夫，因此在學校時她就開始票戲，現在更是把它當作重要的消遣；一有大規模的義演還是要請她登台，但要想正式下海又還不够。她就是這麼樣一個人！她什麼都愛，但都不太精，什麼都想嘗試一下，但很少好的結果，而她也不在乎這些。

「唉！我這人眞是瞎子碰見鬼，一大堆。」她說着又哈哈地笑了起來。

淑嫻也忍不住笑了。

她們談着，談着，不知道時間已經悄悄地溜走了，太陽早偷偷地爬上了窗櫺，照進牆壁上來了。

忽然上課鈴像六月天的急雨似的鈴鈴地響起來了，她慌忙地抓起一本書，對淑嫻做了個鬼臉，就擺手幌肩地跑出去了。

一走進課室，學生都以驚奇的眼光望着她，不知道她這些日子上那兒去了？有些學生嘴裡還在唧唧喳喳，好像在講什麼話。

她站上講壇之後就習慣地拿起刷子想把黑板先擦一遍，一看那上面盡是些X＋Y之類方程式，和一些同學之間彼此開玩笑的似似非通的中英文字句，當她一看到 miss miss kiss your face！的英文時，她馬上揮動刷子把它一筆鈎銷，心裡在這樣罵：「這些小子書不好好地唸，專門起這些壞心眼！」

黑板擦乾淨之後她就轉過身來把書本打開，並且對學生先作這樣的交代：

「現在我開始講書，底下不許講話。」

說過之後又向底下掃視了一眼。這可以說是她的老套，是從她的先生們那兒學來的。已往她這樣交代之後，學生們除了正當的問題先舉手再發問之外，的確很少有人敢隨便講話，可是今天課室裡的情形大不相同，她一進來大家的臉色就不對，級長喊立正時也彷彿有氣無力，不像往日那麼精神。現在她在壇上講書底下也不大注意聽，有的學生在摸嘴撩腮，有的在擠眉弄眼，有的咳嗽，有的打呵欠，有的交頭接耳，一副鬼鬼祟祟的樣子，因此在一堂課當中她停頓了好幾次，提出了好幾次警告，但這些警告的效力只能發生幾分鐘，不久又恢復了原狀。她心裡也很奇怪，這些學生以前對她不是很敬重嗎？怎麼今天變了樣呢？是不是自己講錯了那一課書？或者改錯了誰的作文簿？她想想決不會有這樣的事，以這些學生的程度來講，就是她偶有差錯，他們也不大能發現的。那麼究竟是什麼原因呢？是不是她和胡的事他們已經知道了？假如真的知道，那她以後怎麼再教下去呢？她這樣七上八下的想着也不知道書講到什麼地方去了？好不容易挨到下課的時間，鈴子一響，她就夾起書本走下講壇，隨便向那些半站半坐的學生一點頭就逃也似的溜出課室來了。她剛一走出課室，裡面就響起一陣陰陽怪氣的哄笑，她不知道是那股子火氣忽然冒衝上來，她猛的一轉身就看見一位大點的男生正在向她做鬼臉，她馬上把臉一沉，像一尊煞神樣一步一步地向他走過去。那位男生看見她猛然一轉身已經嚇了一跳，現在又看見她以這副威嚴不可侵犯的樣子正向他一步步逼近，他的臉色就白一陣青一陣，所有的學生也都呆呆地站在那裡不敢作聲。她一走到那位男生面前就大聲地喝問：

「你為什麼人不做偏要做鬼？」

那位男生平常好像蠻會說話似的，但經她這一喝問竟連半個字兒也講不出來。於是她驀地揮起巴掌啪啪地打了他兩個耳光。其他的學生看見這種情形都嚇得偷偷地溜走了，生怕自己也會挨打似的！那位男生看見同學們都溜走了就更加胆怯，兩股也顫慄起來，忽然他聽見她大叫了一聲「滾！」他就如獲大赦似的抱着頭跑開了，但她還向他背後狠狠地罵了一句：

「賤東西！」

於是她這才昂然地走回寢室。

一回到寢室她就氣得把書往桌上一摔，沉着臉對淑嫻說：

「我看我在這兒教不下去了！」

「為什麼？」淑嫻驚愕地望着她。

於是她把剛才在課堂裡發生的事情原原本本地告訴了淑嫻，淑嫻起先怪她不該打學生，認為這是有失師道，隨後她好像忽然想出一個大道理來，她喜冲冲地拉着張嫱的手說：

「臨非常之變必須要有非常的手段，妳這一打倒打出學問來了！」

「什麼鬼的學問？」她板着臉氣沖沖地說。

「這是閃電戰，心理戰，出其不意，攻其無備，泰山壓頂，先聲奪人，不相信妳看，保險妳以後上課他們不敢再淘氣。」淑嫻笑着說了一篇大道理，又用手指在她腦袋上指了一下：「不過，假如不是妳這個冒失鬼，今天誰也砸了！」

她聽了忽然哈哈大笑起來，還一疊連聲地說：

「有學問！有學問！」

第十六章 釜底抽薪不續聘 為人師表已無緣

經過這次應變之後，果然學生們又規規矩矩地聽她的課了。她對於自己的行動自然也格外小心，和胡的任何來往也都經過三番四次的考慮。

可是胡野禪對於這種躲躲藏藏的來往約會頗不開心，他要公開，他唯恐別人不知道他們的關係，他一再催促她和丈夫離婚，她對這種事倒頗爲苦惱，最後她只好答應他等這學期結束之後再向老孫提出離婚請求，她不願意在學校「出醜」。胡野禪對這個很短的期限自然也不便反對，只是要求約會的次數增加，而她對於每次的邀約無論如何也都設法前往的。

他們兩人這樣來往不絕眞使淑嫻提心吊胆，假如再被什麼人發現這眞會鬧得滿城風雨的！上次學生的哄鬧雖然被張嬙[redacted]壓服下去——那可能有兩個原因，一是張嬙的威嚴，使學生認識她的確不可侵犯，因而萎縮下去；一是學生手中證據不足，事先又無決心搗亂的組織，所以一經打擊即作鳥獸散。[redacted]但以後如果再發生類似的情形那就不容易收拾了。

幸好直到學期結束學生都沒有再次哄鬧，淑嫻心裡自然非常高興，張嬙也透了口氣。可是續聘的事校長是一個字兒也沒有提，別人的聘書統統發下了，只有張嬙的竟無下文，依照慣例這就表示請她捲舖蓋走路。淑嫻本來想探聽一下校長的口氣，可是又鼓不起這種勇氣，要不是她的一點老面子和胡與他過去的同事關係那早就請張嬙滾蛋了！那次打學生他事後聽說就很不滿意，因爲她這樣胡鬧不僅影響校譽，甚且動搖他個人的地位，所以那時他就下決心不再聘她。

張嬙對於這件事本身的得失倒無所謂，只是覺得一旦離開此地以後和胡來往的確有很多不便，她的感覺不過如此而已。然而淑嫻却有不同的想法，她認爲這總是不太光榮的事，在她個人來講，她是不希望張嫱離開學校的，張嫱在這兒她可以和她談談心事，生活不致於過分單調寂寞，[redacted]會像[redacted]，可是爲了學校和張嫱自己的名譽着想，她又實在不想張嫱繼續就在這兒。她這種矛盾的心理始終不好對張嫱說明白，但張嫱却猜透了淑嫻的心思，她很坦白地對淑嫻說：

「大姐，爲了妳個人我應該留在此地，爲了學校和我的名譽我應該走開，學校這樣决定很好。」

「[redacted]我很惋惜。」淑嫻[redacted]地說。

「大姐，千里搭涼棚，沒有不散的筵席。不過這件事也只怪我自己，希望我們以後還有相處的機會。」她握着淑嫻的手說。

「[redacted]，我們同學十年，分別兩年，這次我原希望和妳多相處一些日子，沒想到事與願違！」

「我也沒想到會發生這件事？」[redacted]

「本來我介紹妳來是希望妳好，眞想不到反而害了妳。」淑嫻不禁感慨萬千。

「這不能怪妳，也許我命裡眞該遭遇魔星？」她想起老太太說她命裡不乾淨的事，又想起那天聽講的事，她也有點奇怪！那天第一堂課她本來沒有去聽，下課後大家都講胡野禪講得好鼓勵她去聽，她心裡有點不信邪氣，所以第二堂課她才抱着好奇的心理去聽，誰知道這一下就[redacted]她一生的命運？

「阿嫱，妳能不能懸崖勒馬？」淑嫻把張嫱拉到自己的身邊說。

「大姐，太遲了，太遲了！」[redacted]

「胡野禪這東西眞是害人不淺！」淑嫻憤憤地罵了一句。

「大姐，這也不能完全怪他。」[redacted]

「[redacted]妳還替他辯護？」淑嫻[redacted]白了她一眼。「假如他不存心勾引，怎麼會有這樣的事情？」

「我不否認他勾引，[redacted]也怪我自己怎麼那樣快就上了鈎？」她現在還感覺到有點迷惘。

「這[redacted]是妳一時糊塗。」淑嫻[redacted]說。

「大姐，要是他當初對妳也像對我一樣那妳怎麼辦[redacted]？」她好奇地試探。

「對付這種人唯一的辦法就是根本不理！如果妳稍假以詞色他就會得寸進尺。」淑嫻正色地說。

「大姐，我就是沒有妳這樣堅決。」她想起那次移花接木的故事一方面是慚愧，一方面也更佩服淑嫻，假如她當初對他根本不理那也就算了，那會有這許多的苦惱？

「一飲一啄莫非前定，你們的事我想也只好這樣解釋了。」淑嫻無可奈何地說。

「所以這次回家之後我決定和老孫離婚。」她彷彿找到藉口似的。

「我看還是愼重一點好。」[redacted]。

「我已經想得很多了。」[redacted]

「妳要知道一失足成千古恨啊！」淑嫻[redacted]

「大姐，我已經失足了，[redacted]。」

「妳眞不想和老孫共同生活嗎？」[redacted]

「不可能。」她搖搖頭，[redacted]

「我想他也不會知道」[redacted]

「妳和胡的事孫也許不知道呢？」淑嫻[redacted]。

「我看一切轉機都在這裡。」淑嫻[redacted]。

「大姐，妳這就太不瞭解我了！」[redacted]

「怎麼不瞭解妳？」[redacted]

「妳以為我只要能瞞住老孫這個問題就能解決嗎？」她[redacted]

「那總好辦得多。」[redacted]

「大姐，我告訴妳，根本不是這麼回事。」她爽快地說。

「依我看這總是一個關鍵。」淑嫻說。

「不，關鍵根本不在這上面。」[redacted]

「在什麼地方呢？」[redacted]

「在我自己。」她指着自己的鼻尖說。

「難道妳真以為和胡結婚就會幸福嗎？」淑嫻問她。

「那倒不一定。」她無所謂地把肩膀一幌。

「那妳又為什麼呢？」[redacted]

「第一、我覺得我不能長久欺騙老孫，他是一個老實人，這樣下去我會受良心的譴責；第二、老孫的性格是導致我們分裂的基本原因，我們兩人性格完全不同，在一起生活只有痛苦；第三、胡急於想同我結婚，我不能再拖，最少先要把離婚手續辦好。」[redacted]

「我看胡這人太自私！」淑嫻又責備胡野禪。

「愛情本來就是自私的。」她馬上接了一句。

「這是胡的哲學，怎麼妳也這麼講？」[redacted]

「大姐，我也比他高明不了多少。」[redacted]

「阿嬙，過於自私不是情而是慾，真正的愛情是會替對方着想的，是會自我犧牲的，我看胡這個人根本不配談愛，[redacted]」[redacted]

「妳說的那種愛情現在很難找到，也許根本就不存在？」她驚異地望着淑嫻。

「妳以為我是故意唱高調了？」淑嫻嘆了一口氣說。這許多年來她確實沒有找到她自己所標榜的那種愛情。

「不管是高調低調，總之現在我也是騎虎難下，目前的辦法只有離婚，至於將來的後果那也只好等待事實證明，為顧全自己，我現在什麼都顧不得了！」她又攤手皺眉起來。

「妳就這樣決定了嗎？」淑嫻無可奈何地問她。

「決不變更。」她用力地點點頭。

「那妳那天離開學校？」淑嫻側着頭望着她。

「今天要結算成績，明天不走後天準走。」她指着桌上一大堆試卷說。她預算這些卷子今天開個夜車就可以看完，分數也可以完全結算出來，把成績送給教務主任之後就沒有什麼責任了。

淑嫻看看已經到了這種地步，一切話語都是白廢，她也只好走回自己的房間去評閱試卷了。

張嬙把她送出房間之後，就走回來伏在桌子上[illegible]看卷子，晚飯也沒有去吃，只叫阿銀買了幾個燒餅油條充飢，一直看到十二點多鐘才把分數結算出來。一切停當之後她就把紅筆一丟，然後喃喃地自語：

「我這人根本不配為人師表，幸好在功課方面還沒有接受學生的[illegible]，不然真正該死！」

第十七章 淑嫻送別盡道義 張嬙無力送瘟神

第二天她本來就要動身回家，可是一起床就接着胡野禪的電話，約她出遊，她知道這是最後一天，所以就爽快地答應了。這次她和他痛快地玩了一整天，把他們兩人最初玩的那幾處名勝又再度玩了一次，依照胡野禪的說法那是他們兩人「定情」的地方，頗有紀念價值[redacted]。這次出遊胡又一再催促她[redacted]辦理離婚手續，她[redacted]離婚的[redacted]。

她離開學校的時候除了淑嫻之外沒有第二個人送行，她也沒有向校長和同事們道別，淑嫻拉着她要她在禮貌上去敷衍一下，她卻笑[redacted]地說：

「算了吧，算了吧！我這塊料他們看不順眼，我也不想去[redacted]假斯文[redacted]。」

她這一說淑嫻自然地鬆了手，她也怕彼此鬧了面皮而惡化了，校長雖是個頗有涵養的人，她可是肚子裡放不得半句話的直大炮，如果一不如意她是什麼話都會咚咚地說出來的。至於其他的同事們她又向不來往，有幾位男老師曾經對她表示過某種意向，但都被她打回籍去了，這些人對她最無好意，所以更犯不着去辭什麼行了。

阿銀替她叫了兩部三輪車，一部拖行李，一部她和淑嫻兩人坐，臨別時她塞給阿銀十塊錢，阿銀很高興[redacted]，她[redacted]得張嬙是個好人，[redacted]替她接電話傳口信她很不樂意，現在[redacted]是應該的。

全校的人就只有她站在校門口和張嬙揮手道別，彷彿有無限依依之情似的。

「禮失而求諸野，看不出阿銀倒蠻講情感義氣的。」淑嫻在張嬙耳邊輕輕地說。

「[redacted]」

淑嫻聽了啞然失笑，隨後十分親切地對張嬙說：

張嬙告訴她是什麼原因，淑嫻笑說：

「妳糊塗的時候比誰都糊塗，聰明的時候比誰都聰明。」

「何以見得？」她轉過頭來問。

「[illegible]妳對阿銀的批評眞是一針見血，[illegible]也太露骨了一點。」淑嫻笑[illegible]說。

「大姐，妳對很多問題是退後一步看，所以含蓄；我對很多問題是上前一步看，所以眞切。[illegible]平常對我的態度並不算好，今天突然[illegible]起來，這還不是一塊錢在作怪嗎？」她冷靜地分析她們兩人的[illegible]，和阿銀對她[illegible]。

「其實豈止阿銀如此？滔滔者天下皆是也！」淑嫻雖然不是個憤世嫉俗的人，却是個冷眼旁觀的人，她看得清楚，却不說個明白。這句話她也是有感而發，但在別人面前她是[illegible]不會說的。

「大姐，眞難得妳說了這麼一句有關世道人心的痛快話！」張[illegible]高興得把淑嫻往自己懷裡一摟。

「別這麼瘋瘋癲癲的吧，讓人家看見了像什麼話！」淑嫻笑着推脫她。

「怕什麼呢？還有誰敢說我們兩人有什麼不清不白嗎？」她把頭一昂，眉一豎，瞪着眼說。

「那倒不會，」淑嫻把頭一搖：「不過讓人家看見總不太雅觀？」

「雅觀？」她笑着白了淑嫻一眼：「我看妳眞不脫書獃子氣！」

「這怎麼也是書獃子氣？」淑嫻睜大眼睛問。

「還不是書獃子氣？妳看街上這麼多服裝筆挺外表雅觀的人，有幾個[illegible]良心[illegible]人？他們還不如那些光着屁股扒垃圾的髒小子光明磊落！」她指着那些紅光滿面服裝筆挺的人和那些光着身子跪在地上扒垃圾的野孩子們說。

「妳的見解[illegible]的，可是妳[illegible]只能講給我聽。」淑嫻[illegible]了她一眼。

「那當然，假如講給別人聽那又要罵得我狗血噴頭了！」她粲然一笑，隨後又補充一句：「不過胡倒是個例外。」

「他怎麼是個例外？」淑嫻奇怪地問。

「因爲他不是什麼正人君子。」她笑着說：「我和他也一向是談些瘋瘋癲癲的話。」

「我[redacted]他不是[redacted]好人。」淑嫻[redacted]

「我也知道他是個壞人。」[redacted]笑。

「那你爲什麼還要愛他？」[redacted]。

「我就愛她壞得坦白！」她嘴角掛着微笑，酒渦顯得很圓。

「[redacted]」淑嫻[redacted]說。

「這就叫做臭味相投。」她說着哈哈地笑了起來。

三輪車在街上急馳着，夏天的太陽很厲害，柏油路都快溶化了，戴着小笠笠的三輪車夫背上全被汗水濕透了，她們兩人身上也出了不少汗，一面說話一面還把小手巾當扇子般地揮動着，偶然一陣涼風吹過，她們就覺得無比的舒暢[redacted]。

到車站時胡野禪已經先在那裡等着，他連忙向淑嫻[redacted]吩咐車伕把行李送到行李房過磅，打行李票，一切辦妥之後他就大搖大擺地挽着她走進候車室[redacted]，淑嫻自然也跟着[redacted]進去。

胡野禪除了[redacted]買好了車票之外，還[redacted]買了一大簍水菓放在候車室裡，張嬌看見這一大簍水菓就笑着問他：

「妳買這麼些東西作什麼？」

「[redacted]給妳在車上吃。」

「也用不着這麼多啦。」她粲然一笑。

「帶回家去給小寶寶吃不很好嗎？」他歪着眼睛說。

「反正我們坐在這兒沒有什麼事，還是拿出來我們大家吃。」她一面說一面打開鋌子拿出三個白紙包裹的東西來。

「車站人多，坐在這兒吃不大好看。」淑嫺望着其他候車的客人說。[redacted]

「大姐，妳偏有這麼多的禮節，[redacted]吃了再[redacted]」她隨手揀一個最大的往淑嫺手裡一塞，[redacted]

隨後她又[redacted]個給胡野禪，[redacted]「此時此地那有這種東西？」

胡野禪[redacted]

「放心吃吧，反正不是偷來的。」

淑嫺[redacted]不肯在候車室吃，[redacted]到餐室去吃。這個餐室不僅有麵飯之類的食物，還有各種冷飲，[redacted]

胡野禪和張嬙的話很多，他們邊吃邊談，有說有笑，他滿肚皮的歷史掌故，和中外小說家詩人軼事，[redacted]，加上他的滑稽突梯，穿插附會，講得張嬙時而笑得前仰後合，[redacted]，連最有克制功夫的淑嫺也忍不住用手抿着嘴笑。而他所講的[redacted]十之八九是戀愛故事，[redacted]他對[redacted]西洋詩人歌德和雪萊的浪漫事跡更特別誇張，他說歌德七八十歲時還和十六歲的女孩子戀愛，雪萊和酒店老板的女兒赫利瑞私奔，後來又和瑪琍哲恩姊妹去瑞士作了六星期的荒誕旅行，說完[redacted]又作了這麼一個結論：

「至情至性的人決不拘小節，所以往往[redacted]出人意表，不爲當世所容，卻爲後人景仰。」

「胡先生是否也想效後人景仰一番？」淑嫻[redacted]笑[redacted]問[redacted]。

「豈敢，豈敢！[redacted]我不過[redacted]博妳們二位一笑。」

「胡先生的笑話眞多，這樣說下去我看她眞不想走了！」淑嫻先望了胡野禪一眼，隨後又指張嬙[redacted]。

「我和她在一塊兒總是這麼說說笑笑的。」[redacted]說。

淑嫻也望了張嬙一眼，她的樣子好像很愉快，淑嫻這才知道胡野禪對張嬙確實具有一種魔力。同時她也領悟到胡野禪眞是博學強記，她自己總算是一個努力致學的人，可是有很多書的內容看過之後還是記不得，他卻說得淸淸楚楚，頭頭是道。譬喻他剛才所談的雪萊戀愛故事是取自雪萊傳的，這本書她看過卻記不得，直到他講起她才若有所悟，但自己卻講不出來，這就是他不可及的地方。但她心裡卻惋惜他這麼一個聰明人，爲什麼不好好地在學問上事業上再多下點功夫？偏偏專在女人身上打壞主意？破壞別人的家庭，幸福？

她正在沉思時忽然聽到遠遠的汽笛聲音，漸行漸近，於是他匆匆地付了賬，三人一道離開餐室，向剪票口擠。

「啊！我還沒有買票！」張嬙剛一站隊就忽然想起了自己還沒有買票不免驚叫了一聲。

「票在這裡。」胡野禪連忙把預先買好的兩張票遞了一張在她手裡，她馬上高興地一笑。

他和張嬙順利地通過了剪票口，淑嫻因爲沒有買票只好留在剪票口這邊向張嬙道別。張嬙看見胡野禪也同他一道過來[redacted]就對她說：

「你和大姐一道回去，不必上月台來。」

「不，我送妳到最後一站。」他把自己的一張票子遞給她看。，隨即揚揚手和淑嫻告別，同他一道跑上車去。

淑嫻看了心裡有一種說不出來的沉重感覺，她現在才完全瞭解張嬙擺脫不了胡野禪的原因了。

第十八章 一顆炸彈如霹靂 兩個女人哭一團

在車上他們兩人講了很多私語，那是在淑嫻面前一句也沒有提的。他們談到她離婚以後他們兩人結婚的計劃，他想得非常周到，因此她更加放心。他一直送她到最後一站才轉上北上的車子回去。

她一回到家裡老太太，兒子，丈夫都熱烈歡迎她，可是這次回來她心裡却很平靜，沒有矛盾，沒有流淚，她所考慮的是在什麼時機提出這個問題？是先向老太太提起還是先向老孫提起？她知道這件事對於這個家庭是具有爆炸性的，一經提出就再也收不回來，她和老孫的感情就再也不能彌縫和老太太也可能鬧得不愉快。這顆炸彈丟出去會炸傷他們，也可能炸傷自己。但是紙包不住火，這顆炸彈她不能不投出去，[redacted]，可是一看見老太太慈祥快樂的笑容，兒子天真活潑的樣子，老孫忠厚老成的態度，她幾次把正要伸出去的手又縮了回來。講吧，講吧！她時刻在這樣督促自己，可是話在舌尖上不知道打了多少次滾還是嚥了下去。她奇怪在車上和胡說得好好的，回來一定把這個問題提出來，她答應他的話又那麼乾脆，沒有一點猶豫，怎麼一到回家裡就說不出口呢？她想想也覺得有些奇怪，那時的勇氣究竟到那兒去了呢？

第一天她沒有把問題提出來，第二天她找到一個和老太太單獨相處的機會，她先和老太太閒話家常，以及自己不再教書的原因，[redacted]自然沒有談到學校不歡迎她這個真正的原因。然後才慢慢地和老太太談到正題。

「媽，我有一件事情想和您商量。」她裝作頗爲孝順親熱的樣子。

老太太先把她全身上下打量了一下，然後嘲笑地說：

「您說吧！我料想不會有什麼好事兒。」

老太太這一說又把她的話逼回去了，她看了老太太一眼，覺得她是一個久經風霜的老人，好像什麼事情都能看透似的？剛才她這句話就彷彿完全知道她自己的心事似的？但一細想又覺得老太太實在沒有知道這件事的可能，她自己從來沒有提過，淑嫻自然也不會寫信告訴她，想到這裡她[illegible]的胆量又為之一壯，於是她鼓起勇氣說：

「我想和老孫——」

「怎麼樣？」老太太一怔，目不轉睛地望着她。

「離婚。」她衝出了這兩個字。

老太太聽了之後張着嘴一連倒退了幾步，然後跌在沙發上坐了下來，呆了一會兒之後她又霍地站了起來，迅速地向張嬙走近幾步，用手指着她的鼻尖說：

「妳瘋了是不是？妳瘋了是不是？」

「媽，我沒有瘋。」她和緩地回答，語氣却很堅定。

「妳沒有瘋？妳沒有瘋怎麼會說出這樣吃糞的話來！」老太太氣得頓脚。

「媽，您息息怒，我慢慢地和您講。」她把老太太扶到沙發上坐下，又在她肩上背上輕輕地搥了幾下。

「我不要聽！我不要聽！」老太太板着臉搖頭頓脚。

「媽，妳不知道我的痛苦，我也是沒有辦法。」她低聲下氣地輕拂着老太太。

「妳有什麼痛苦？妳吃了飯不做事，養了孩子又不喂奶，大慶對妳百依百順，妳還有什麼痛苦？」老太太氣冲冲地說。

「媽！話不是這麼說。」她溫柔地拍着她。

「不是這麼說[redacted]該怎麼說？妳教訓我好了！」老太太[redacted]。

「媽，我和老孫實在合不來。」她縐着眉頭[redacted]訴苦。

「合不來？合不來也合了這麼[redacted]年哪！」老太太又轉過頭來面向着她。

「所以我很痛苦！」[redacted]

「痛苦？你現在有這樣的生活還叫痛苦，那我們上幾輩的老祖母不個個上吊了？」老太太氣吁吁地說。

「媽，時代不同，不能一概而論。」她嘟起嘴巴申辯。

「不管時代怎麼不同？女人總是女人！作女人就應該守婦道，妳看妳[redacted]」老太太[redacted]指着她[redacted]。

「媽，妳不能拿幾十年前的眼光來看我。」[redacted]

「嘿嘿！妳以為我是老古董是不是？不錯，我承認我沒有妳唸的書多，可是我比妳多吃幾年飯，我見得比妳多，妳[redacted]不講三從四德，妳[redacted]講男女平等，但是妳已經爬到大慶的頭上去了，妳知道不知道？應該不應該？這是夫婦之道嗎？」老太太指着她[redacted]罵。

她被老太太[redacted]得張口結舌，停了一會兒才鼓起勇氣說：

「這就因為我們的個性不同。」

「個性？誰沒有個性？妳以為大慶是傻瓜？他是處處[redacted]妳容忍，妳知道不知道？」[redacted]

「我並不需要他的容忍，容忍不是愛情。」她把頭一扭，[redacted]

「愛情？嘿嘿！」老太太冷笑一聲：「妳祖母和妳祖父結婚之前連面也沒有見過，連這個名詞兒也沒有聽過，但是他們生了你父親，他們兩人過得很好。妳和大慶是事先認識的，當時又沒有誰把繩子套在妳的脖子上，硬逼着妳嫁他，如今孩子也生了兩個，還提什麼鬼的愛情？我看妳簡直是在發昏！」

「媽，您不能這樣氣我！」她急得頓脚：「這件事只怪我當初沒有愼重考慮，所以才鑄成大錯。」

「俗話說打落門牙和血呑，錯了就錯了！如今孩子也生了兩個，妳還有臉離婚？何況大慶實在是個好人。」老太太一點也不動搖。[redacted]

「媽，我今年還只二十六歲，以後的日子長得很，既然發現錯誤，爲什麼不可以離婚？爲什麼不可以改正？」[redacted]

「離婚？妳們張家沒有這種門風！」老太太在鼻子裏哼哼地說：「改正？我看妳這半輩子就沒有做對一件事情！」

「媽，妳不能這樣氣我！您不能這樣氣我！」她搥手頓脚地叫喊。

「妳要我和妳一樣是不是？」老太太譏諷地望着她。

「至少您也不要阻礙這件事情。」[redacted]

「我白活了五六十歲也不能和妳一般見識。」老太太扭過頭去不踩她。

「媽，您眞不同意是不是？」她急了，她準備使出撒手鐧來。

老太太用力搖[redacted]頭。

「那我待會兒和老孫直接談判好了！」她霍地站了起來。

「我問妳，妳這次回來爲什麼突然發這樣的神經？」老太太隨手拉住她，想問問她眞正的原因，先前老太太只覺得她提出的問題不合理，不願考慮，一時倒忘記了問她怎麼會突然有這種動機？

她經老太太這一問也不好再隱瞞，只得把認識胡野禪的經過情形告訴她，還强調胡野禪的博學多情。老太太聽過之後非常關切地問她：

「你該沒有和他發生不正當的關係吧？」

她一時無話可答，只是臉一紅，頭一低，彷彿要求老太太[illegible]饒恕似的。

老太太見她這種樣子馬上暴跳起來，用食指在她額上一連戳了幾下，大聲地責駡她：

「妳這種不要臉的東西！竟會做出這種丟人的事來？妳怎麼對得起妳的老子娘？妳又教我怎麼見人？教我拿什麼臉面再見大慶？…」說着，說着老太太蒙着臉哭了起來。

張嬙[redacted]她呆呆地坐在沙發上無話可說。她心潮起伏，她想着和老孫這幾年的夫妻生活，也想着和胡這幾個月的露水恩情，現在正要在他們兩人之間作一抉擇，老太太這樣傷心，她自己也覺得難以爲情。要是內中情形被張太太她們知道了那眞不知道要把她說成個什麼樣子？她正在這樣沉思的時候老太太又忽然抬起頭來指着她駡：

「好！妳既然做出這種不要臉的事來，我也管不了許多，反正我也沒有幾年好活，妳現在也不是三歲兩歲，妳愛跟張三就跟張三，愛跟李四就跟李四，今後是死是活我一概不管！」老太太說着又傷心地哭了起來。

「媽，我對您不起，今後那怕我下地獄，上刀山也不能怪您，一切由我自作自受。」她說過之後也伏在老太太身上哭泣起來。

於是她們兩人哭做一團。寶寶從外面蹦蹦跳跳地跑回來不知道這是怎麼回事？他睜着一對小眼睛奇怪地望着她們說：

「媽，婆，妳們哭個什麼勁呀？」

妳只看到表光，我是火燒烏龜肚裡痛

妳怎么還要離婚？

第十九章　嬌嬙任性終不悔　良人忠厚反成全

張嬙終於把離婚的事向孫大慶提出了，還是在一家旅社裡提出的。

孫大慶驟聽之下[redacted]，呆了半天沒有說話，過了很久才心平氣和的問她：

「我有什麼地方對妳不起嗎？」

「不！老孫，你是個好人，你沒有什麼地方對我不起。」她也心平氣和地回答他。

「那妳為什麼要離婚呢？我們不是過得很好嗎？」他望着她的臉上說。他簡直不大相信她的話。

「老孫，這話很難說，[redacted]」她也望了他一眼，她覺得他這個人實在忠厚得可憐。

「不，」他連忙搖頭，他本來認為她的話，他接着說：「我是在隨時隨地注意怎樣才能盡到我做丈夫的責任？家事我從來沒有要妳過問，妳愛怎樣就怎樣，我也從來不干涉妳的行動，處處尊重妳的意見，以現在的情況來講，我也只能做到這種地步，我已經盡了我最大的努力。」

「老孫，不錯，我確實盡了我最大的努力，使這些話都不被洩露。」她無可奈何地一笑。

「這就奇怪了？」孫抓抓後腦殼說：「我實在想不出妳要離婚的原因。」

「老孫，[redacted]我坦白告訴你，這完全由於我們兩人的個性。」

「啊！」他茫然地啊了一聲，隨即把身子往沙發上一靠。

「是的，就因為我們兩人的個性，志趣完全不同。」她湊近[redacted]他[redacted]說[redacted]。

「在我看來這倒不[redacted]重要。」他重新坐起來說。

「你是一個實事求是的人，在你看來自然不太重要；可是我是一個靠感情生活的人，在我看來却非常重要。」[redacted]

「我不是處處遷就妳嗎？」他湊近她[redacted]說。

「遷就並不能解決問題。」她[redacted]無可奈何地一笑。

「可是我並不覺得我們之間有什麼[redacted]問題。」他坦蕩蕩地說。

「正因為如此，所以我覺得我們[redacted]如其紅着脖子分手，倒不如好來好去。」她[redacted]

「我連想都沒有這麼想過。」他[redacted]紅了臉說。

「你是個老實人，我也不願意[redacted]傷你的心，[redacted]我們的婚姻實在是一個很大的錯誤。」[redacted]

「我[redacted]不這樣想。」他搖搖頭。

「可是我常常這樣想，[redacted]假如妳娶了一個和你一樣腳踏實地的女人你會非常幸福，妳娶了我對你沒有半點好處，只有痛苦；同樣地，我嫁了妳在表面上看來別人都以為我很幸福，其實我內心裡比誰都痛苦。」

他聽了她的話沉默了好一會，然後才慢慢地說：

「我對於我們這件婚姻並不後悔，我也不覺得痛苦，妳說妳痛苦那是妳自己找的。」

「老孫，你是學工程的，你把人也當作物看，所以你忽略了人的精神生活，你尤其不瞭解女人的心理狀態。」她[redacted]

「也許是，但我覺得我們還不至於要離婚？」[redacted]

「半年以前也許可以勉強這麼說，但是在今天已經不可能了。」[redacted]

老孫奇怪地望着她，半天不說話，最後才[redacted]痛苦地問她：

「妳這話是什麼意思？」

「我坦白告訴你，[redacted]我們的[redacted]已經完[redacted]，我的心已經完全屬於別人。」

她說完之後就準備迎接一個突然而來的嚴重的打擊，可是她並沒有倒下，她的頭腦也沒有發暈[redacted]，他起先是臉色慘白，隨後就[redacted]往沙發上一倒，呆呆地坐着，一言不發。[redacted]睜着失神的眼睛有氣無力地說：

「這樣說妳是非離不可了？」

她向他點點頭。

「妳考慮過孩子們的問題嗎？」他輕輕地問她。

「考慮過了。」她又點點頭。

「怎樣？」他低沉地問。

「為了減少你的麻煩，我想暫時由我撫養。」她[redacted]說。

「孩子我決不放棄。」他斷然地說。

「我不是要你放棄，我是想替你負起這點責任，十歲以後你隨時都可以領回。」她覺得自己過去有很多地方對不起老孫，她願意担負這個責任，以求心安。

「那我很感謝妳。」他鞠躬如也地說。

「孩子的事你同意這麼辦了？」她偏着頭問他。

「同意。」他爽直地點點頭隨後又關心地問：「那麼妳自己呢？」

「你不必替我躭心。」她向他一擺手，[redacted]一笑。

「妳不要贍養費嗎？」他低着頭[redacted]問她。

「不要，[redacted]，我不忍心再增加你這筆負担。」她搖搖頭，[redacted]

「事實上我也沒有這個能力。」他痛苦地說。

「卽使你有我也決不要。」她[redacted]說。

「那[redacted]老太太呢？」他又問她，他和老太太的感情很好，他很替她躭心。

「自然和我同居。」她[redacted]膀說。

「她老人家同意我們這樣做嗎？」他審慎地問，因爲老太太並沒有向他說過這件事情。

「起先她非常反對，後來我把實情告訴她，她很生氣，她說不再管我的事了。」她把老太太對這件[redacted]。

「假如老太太願意的話，我歡迎她仍然和我住在一起。」[redacted]。

「這我不能作主，那要問她。」[redacted]。

「那[redacted]妳打算什麽時候離開？」他輕輕地問。

「這自然得籌劃幾天，最少也要等我們到律師那邊去辦妥手續，登過報紙以後。」她很鎭靜的回答。

「妳想辦手續，公開？」

「這是必要的。」

「我以爲沒有必要。」他搖搖頭。

「你是不是在後悔？」她眼睛瞪得大大地問。

「不。」他用力搖了一下頭。

「那又爲了什麼？」她退後一步，靜靜地注視他。

「爲妳。」他[redacted]說。

「怎麼是爲我？」[redacted]。

「將來妳[redacted]會知道。」他輕輕地嘆了一口氣[redacted]。

「我希望現在就瞭解你的用意。」[redacted]。

「這很簡單，妳高興去什麼地方就去什麼地方，高興和誰結婚就和誰結婚，我決不干涉。」他把兩手一攤。

「但是我們的手續不辦妥我就不能和別人結婚。」她提出了這個法律問題。

「相信我，[redacted]我決不會無賴，日後去找妳的麻煩，妳那天發請帖我就那天[redacted]辦手續，絕對不會誤妳的事。」

她想想孫[redacted]是個誠實君子，他的話比保證書更可靠[redacted]。但她還是試探了他一下：

「你這是什麼意思？」

「妳放心，決不是惡意。」

「可不可以告訴我？」她仍然逼着問。

「告訴妳也好，」他把頭一點：「我的意思是假如妳後悔了，或是被人拋棄了，妳隨時都可以回來，這才有個餘地。」

孫的話使她深受感動，她流淚了。她覺得孫確實有一種崇高偉大的人格，是一個能夠成全別人犧牲自己的人。[redacted]一想起自己和胡的不可告人的關係，心裡就非常慚愧。覺得自己太對不起孫了。再加上那種好強的個性的驅使，她又很快地揩乾眼淚，笑着對孫說：

「謝謝你的好意，今後不管怎樣，我也沒有臉面回到你的身邊，我[redacted]自作自受。」

「妳眞的這樣決定了？」他望着她的臉上問，他還希望她能鄭重考慮。

[redacted]她用力點點頭。

「既然如此，那我們就遵守這個君子協定吧。」他痛苦地站了起來。

她看他站了起來也跟着站了起來，她仍然把手插進他的臂彎，他也禮貌地挽着她走出房間，但兩人都彷彿失掉了一件什麼似的有點懶洋洋地，又像經過了一場劇烈的鬥爭以後所表現出來的那種疲乏。別人都睜着一對好奇的眼睛望着他們，以爲他們是一對情侶來闖室幽會的，尤其是張嬌那美麗而慵散的樣子更易啓人疑竇。卻不知道他們兩人已經悄悄地上演了一幕大悲劇哩！

張嬙把老孫同意離婚的事悄悄地告訴了老太太，老太太起初的表示非常冷淡，很久才嘆了一口大氣：

「大慶這孩子[redacted]太好了！偏偏遇着妳這個不納福的東西！」

「媽，老孫曾經向我表示，他說假如您仍然願意和他住在一起[redacted]他是非常歡迎的。」她把老孫的意思告了老太太。

「謝謝他的好意，我實在沒有臉面再和他住在一起。」老太太[redacted]地說。她想得[redacted]很遠，張嬙走[redacted]孫大慶一看見她更會觸景生情地想到張嬙，如其和他住在一起徒然增加他心理上的負担，倒不如和張嬙一道搬走，讓他靜靜地療[redacted]創傷，[redacted]個創傷在短期內是不會全癒的，他和張嬙不同，他很多事都是藏[redacted]內心[redacted]，張嬙一說了也就算了，他却沒有這麼輕鬆。再說張嬙自雙親去世之後她的命運就和她連在一起，十幾年來她們沒有分開過，她對張嬙始終有一種責任感，有一種母女之情，即使她再不好也不願意讓她自浮自沉，只要她自己活着一天，她就不願意放棄監護的責任，這次張嬙在外面教了半年書就鬧出這麼大的事情她正後悔不已，以後更非時刻監護不可，如果再讓她任性胡幹下去[redacted]會[redacted]身敗名裂。[redacted]。

「媽，[redacted]麼明天我們一道搬走吧？」張嬙[redacted]地說。

「錢呢？」老太太故意難她。其實她身邊還有一點首飾，這是從大陸帶來的，不過張嬙一點也不知道。

「我還有千把塊錢，勉强可以湊合一下。」[redacted]說。這些錢是她從學校帶回來的，因爲準備離婚，所以一直沒有動用。

「這點錢够什麼？用完了又怎麼辦？」老太太白了她一眼。

「搬家總不成問題，日後我還可以找工作做。」她知道搬家租房子用不了這麼多錢，何況胡已經答應先給她籌措三個月的生活費，三個月之內她一定可以找到工作，生活[redacted]不會發生問題。

老太太聽了不再作聲，反正她心裡早有盤算，等張嬙的錢用完了再說。

[redacted]他們開始分頭收拾應用的東西行李，老太太一面收拾一面流淚，這房子她太熟了，她對每一樣東西都有感情，她眞不知道收拾那一樣好？[redacted]孫需要應用的東西也是要留下來的，雖然他已經對張嬙表示過凡是她想要的東西都可以帶走，但老太太不願意這樣做，她愛護孫和張嬙是沒有什麼分別的。張嬙只清理衣箱，她的衣物和孫的是放在一起的，沒有分彼此，現在清理起來却頗費時間，她拿起孫的東西心裡也有不少感觸，[redacted]她一件件拿起來，又一件件放進另外爲孫留下的箱子裡，[redacted]，她結婚的時候也沒有想到會有今天？當她翻出了那張結婚照片時她更遲疑了半天，她看看自己那[redacted]如花的面貌，窈窕的身材，又看看孫那高大魁梧的身材[redacted]那忠厚[redacted]的面孔，她也看不出來[redacted]們兩人有什麼不配？她還記得他們結婚那天的盛況，和賓客們的嘖嘖讚賞[redacted]，一切都好像是眼面前的事，怎麼會突然起這麼大的變化？早知今日又何必當初[redacted]？造物弄人，[redacted]？她眞是百思不解。最後她嘆了口氣，把結婚照片愼重地放進孫的箱子裡去，「讓他留個紀念吧。」她心裡這樣想。她[redacted]同情孫是個好人，可惜不懂風情，不瞭解她的心理，個性。在旅社裡當她說到她的心已完全屬於別人時假如他馬上抓住她頭髮[redacted]她打她一頓，然後又狂吻一陣，那她一定會回心轉意，她所以不在家裡和他談離婚的問題而要在旅社談就是給他最後一次測驗，可是他仍然是[redacted]的可憐

相，[redacted]。她想來想去只怪他太[redacted]

她把東西收拾好了，孫也回來了。他頹喪得很，像得了[redacted]重病似的？他看看房間裡一些沒有收拾的東西就對她說：

「您都拿去吧，[redacted]。」

「不，是你的應該留給你，我拿去也沒有用。」她向孫搖搖頭。

「何必分得這麽清楚？我覺得我們再分也分不那麽乾淨。」他悽然一笑。

「你何必再講這種話？」她馬上堵住他，[redacted]

「這是我心裏的話，我不能不講。」他[redacted]他有這麽一種感覺，[redacted]形式上法律上兩人分開了，可是彼此內心一定永遠印着對方的影子，[redacted]。

「我看你還是想開一點。」[redacted]。

「我想得很開，不然我不會答應妳。」他[redacted]說。

「[redacted]謝謝你的好意。」她[redacted]說。

「[redacted]，希望妳以後好自為之。」[redacted]。

「我也希望你保重自己，我對你實在沒有好處。」她[redacted]說。

他們兩人[redacted]的對話老太太在隔壁房間裡聽得清清楚楚，她想不到他們會這樣客客氣氣？她原先以為他們一定要大吵大鬧一場才離開，尤其是張嬙那種野馬性格！她絕對沒有料到兩人會把這件事情辦得神不知鬼不覺？沒有驚動一個鄰舍，沒有驚動一個親戚朋友，她想不出這是什麼道理？除了孫的好品性之外大概這就是[redacted]高等教育的功用吧？她記得她那個時代結婚固然是人生中的一個大典，非常重視，離婚更是駭人聽聞的事，在她的記憶裡簡直沒有這回事，[redacted]

外有個拐女人上吊或是逼入空門，那也不知道要使說多少遍多人，現在看見他們兩人把這種大事處理得這麼輕鬆而得，她也不能不承認她的時代和張婚的時代畢竟不同了。

第二天動身時孫事先爲她們張羅好了車子，一切瑣事都替她料理得十分妥當，用不着她操一點心。

這天寶寶更高興得蹦蹦跳跳，因爲聽見媽媽爸爸說是出外旅行，外面有很多好玩的地方，他老早就想出外玩玩的，但是媽媽爸爸一直不肯，這次總算如願以償了。不僅出外玩玩的夙願得償，媽媽爸爸好像也比平常更疼他，爸爸還特地送了他一部小汽車，一大包糖菓。這是他事先沒有想到的。坐上吉甫之後，爸爸又把他摟在懷裡，和他輕輕地談話，又時刻吻着他的頭髮和面頰，他覺得爸爸比媽媽愛更他。小妹是媽媽抱着的，她還不大會說話，爸爸也沒有逗她，比較起來好像爸爸更疼他些，他心裡高興得了不得，爸爸問他什麼問題他也馬上回答他。譬喻說爸爸問他：「寶寶，你姓什麼？」他就馬上回答：「姓孫。」「你叫什麼名字」？他也很快地回答：「我叫孫寶寶。」「你爸爸姓什麼？」「我爸爸也姓孫。」「叫什麼名字？」「叫孫大慶。」他這樣一流水地回答使他爸爸很高興，他自己也高興，不過他心裡有點奇怪？爸爸很久沒有問他這樣的問題，怎麼現在忽然發問？看他的眼睛好像有點紅紅的，他問爸爸是不是在哭？爸爸却搖搖頭說是沙子鑽進了眼睛，一會就會好的。他再看看媽媽，媽媽的眼睛也有點紅，是不是也被沙子鑽進了眼睛？外婆也是一樣的，怎麼沙子都會鑽他們的眼睛偏不鑽進自己的眼睛呢？因此他奇怪地問爸爸：「爸，怎麼沙子不鑽進我的眼睛？」他聽見他爸爸這樣回答：「上帝愛寶寶，沙子不會鑽進寶寶的眼睛。」「上帝是誰？」他又奇怪地問。因爲他以前從來沒有聽見爸爸說過，也沒有親眼見過，他確實不知道上帝是誰？但他爸爸却告訴他：「上帝不在地上，上帝看不見。」他又問：「上帝怎麼不和我們一道兒去玩？」他爸爸說：「上帝怕流眼淚。」

這些話他越聽越難懂，覺得沒有一點味道，於是他想起了口袋裡的糖，他隨手摸出了一塊往嘴裡一塞，又問他爸爸：~~「爸，你愛不愛吃糖？」他爸爸却苦笑着說：「小時候我愛吃糖，現在我想吃藥。」「藥是苦的，有什麼好吃？」他睜大眼睛望着他爸爸，他爸爸却在他耳邊輕輕地說：「寶寶，爸爸有病。」他看看他爸爸的臉色，[illegible]很不好看，於是他大聲地問：「爸，你生什麼病？」他爸爸却把臉沉，阻止他說：「別多問，將來你自然會知道的。」他怕爸爸不喜歡他，不再買小汽車給他玩，不再買糖菓給他吃，他真的不敢再問下去。~~忽然他感覺到身子一震，車子吱的一聲停住了，他抬頭一看原來是到了車站。他爸爸先把他抱了下來，接着又把小妹抱下來，媽媽，阿婆隨後也下了車。他一下車就亂蹦亂跳，媽媽馬上教訓他：「寶寶放規矩點！」他聽了很不高興，他心裡這樣想：「媽媽兇，爸爸比媽媽好」。但他還是聽了媽媽的話，不再亂蹦亂跳，乖乖地跟着爸爸媽媽外婆走進車站去了。

車站很大，人也很多，[illegible]了寶寶忙着去磅行李，買車票，擠得滿頭大汗，半天才辦好，他剛一離開售票口火車就嗚嗚的叫着進車站了。於是，他們跟着人流向月台走。寶寶跟着媽媽外婆擠上車廂之後就爬在靠窗口的位子上坐下來，剛一坐定他就發現爸爸不見了，小腦袋急得東車西轉，忽然他望見爸爸孤伶伶地站在月台上，他急得大叫：

「爸爸，你怎麼不上來？爸爸，你怎麼不上來？」

這時車輪已經開始滾動，因此，他更大聲地叫嚷，他爸爸沒有回答他為什麼不上來？只不斷地向他揮手。他忽然發現爸爸流淚，淚水大顆大顆地滾下來！再看看媽媽外婆也都簌簌地掉眼淚，他馬上哇的一聲哭了出來，同時嘴裡不住地叫嚷：

「我要爸爸！我要爸爸……」

第二十一章 老夫人見多識廣 野狐禪賤骨輕

他們在T市近郊賃了一棟三間二十四個塌塌米的房子安住下來了。這種房子是投機商人新近大批建造的，式樣新穎，構造簡單，材料普通，但極爲一般住不起洋樓大廈又不願住茅頂竹壁的房子的人所喜愛，張嫱正是這種人，所以她愛上了這種房子。

住定之後她就寫信告訴淑嫻和胡野禪。

寫給淑嫻的信說她和老孫已經脫離，一切進行得都很順利，孩子老太太都在自己的身邊，這兒的環境很好，希望她能來玩幾天。

寫給胡野禪的信是說她已經按照他的計劃在T市近郊賃着房子安居下來了，第一步計劃已經實現，老孫是無條件地脫離了。現在第二步計劃是要他親自來看老太太，假如老太太看得順眼，那他們結婚的事就沒有多大問題，如果老太太看不順眼，那就還有麻煩。因爲老太太雖說過不再管她的事那種氣話，但是現在却管得更嚴，她不論去什麽地方老太太都要盤根問底的。因此她特別提醒他這一關非常重要，需要特別的智慧和耐性。

信去之後淑嫻並沒有馬上來，她回信說有點私事不能離開，遲兩個星期準來。胡野禪的回信說馬上來，並且告訴她來的日期和火車的班次，希望她能準時去車站一下。她看了這封信心裡很高興，並且把他來的日期告訴了老太太，意思是請她準備一點菜，表示歡迎。但老太太不置可否，她心裡正在懷念大慶，她不知道他現在的生活怎樣情緒怎樣？她很同情他，她認爲他是一個犧牲者，一個無辜的丈夫。不過胡來的這天她還是打起精神去菜場買了幾樣葷菜回來，她也不能不爲張嫱的前途着想，她知道她們這次出來了就回去不得，她認爲這是頂不體面的事！她也知道張嫱沒有臉面再回去，她和孫就這樣不聲不響斷絕了；但是她還年青，不能不嫁人，何況她就是爲了胡才離婚的，假如胡眞很不錯的話，那她也沒有阻止他們兩人結合的必要，反正她的一切措施都是爲張嫱好，她自己沒有任何企圖。

這天張嫱加意打扮了一番，眞像迎接情人似的準時趕到車站。這一班車的旅客特別多，她站在出口的地方張望了幾分鐘還不見他來，心裡不免有點着急，旅客看見她這個樣子都自然地向她行注目禮，有些人還擠眉弄眼露出一臉輕薄相，她也把眼睛朝他們直瞪，直到對方紅着臉調頭而去爲止。

正當他朝着別人瞪眼時胡在人叢中伸出手來在她肩上一拍，她猛力回過頭來又一瞪眼，一看是他又不禁噗哧一笑，嘴裡還輕輕地駡了一句：

「你怎麼還是這副輕薄樣子？」

他向她一笑就伸手攬着她走，樣子做的有點過火，她立刻把他的兩手搾開，又輕輕地說：

「這兒「猪」多不便。」

他聽了大笑起來。

於是他們雙雙跳上三輪車，一路輕言細語，談個不休。今天他的談鋒更健，精神也特別好，一套嶄新筆挺的凡立丁西服襯托得他也頗像個樣子。他雖然穿得很像個上流社會的紳士，可是他到底沒有那種正襟危坐的素養，講起話來搖頭擺腦，白眼直翻，還不時在張嫱身上猴手猴脚，因爲是坐在車子裡面，她也就由他去，實在過火時才制止他這種輕佻的舉動。

車子經過大街時他還特地在南貨店和百貨公司門前停了兩次，下去買了一大包蛋糕糖菓，還買了一件上好的衣料送老太太。自然張嫱的心裡很高興，她認爲他最體人意，她本來想叫他買點東西送老太太的，但她的話還沒有出口他就自動地買好了，所以他坐上車來她就笑着駡他：

「你這是個精靈鬼！」

他也得意地一笑，隨手又掏出兩千塊錢往她手提皮包裡一塞：

「暫且湊合着用，以後再想辦法。」

這一來她的心更加安定了許多，今後三兩個月的生活是不必着急了。

回到家裡她很高興地把胡介紹給老太太和孩子認識。胡的嘴甜得很，對老太太先是雙手獻上禮物，隨後就伯母長伯母短地叫個不停，那種親熱勁兒叫得老太太都有點臉紅！寶寶是從接到他的糖菓那一剎那起，一直對他就有好感，他更把寶寶抱着坐在膝上逗着他說笑，他不但會講詩經楚辭，中外文學名著，詩人作家軼事，他也會講安徒生童話，和中國的兒童故事，講得寶寶開心極了！寶寶平時問他爸爸媽媽的一些奇奇怪怪的問題，他們常常被他難倒，可是胡却一個個地給他解答，不管這種解答是否正確，反正他總能使寶寶信服，使寶寶開心。因此寶寶張着小嘴對媽媽說：

「媽，胡伯伯比爸爸聰明，也比妳聰明。」

張嬙和胡野禪聽了都笑了，胡野禪心裡自然更得意，他就憑這點聰明擊敗了他爸爸，征服了他媽媽，現在又獲得寶寶的信服，他怎麼不得意呢？但是老太太對胡似乎不大欣賞，於是他又調轉話鋒向老太太進攻，他對老太太講的又是一套，除了特別讚揚她撫養張嬙這番苦心與功勞之外，還講了些清宮外史，包公案，彭公案，三國演義給老太太聽，老太太心裡雖然不滿意他的爲人，但還是陪他談了幾句，因爲這些書恰好都是她愛看的。不過老太太聽他談話的時間並不多於她對他觀察的時間，不管他和張嬙，寶寶，乃至和她自己談話，她總是細心地觀察他，尤其對於她的一舉一動特別注意，她自已閱人甚多，經驗豐富，也懂得一點相法，她有觀察人的習慣和興趣，尤其是胡這個人關係張嬙一生的命運，她更不能不多多注意。

吃飯時胡又對老太太的烹飪術大大地讚揚了一番，同時還大談其食譜食經，又揀好菜往老太太和寶寶碗裡送。他今天這許多表現張嬙看得非常開心，她不時向他讚賞地笑笑。

飯後他又堅請老太太去看電影，老太太無論如何不肯去，她用許多理由婉辭，最後他只好帶着張嬙和寶寶兩人去。張嬙自然樂意奉陪，寶寶更高興得蹦蹦跳跳。

臨走時他對老太太說今後一切責任完全在他身上，請她放心，今天他就不再來了，以後可以隨時奉侍，老太太也唯唯否否地支吾過去了。

在電影院裡他着實和張嬙親熱了一番，寶寶有糖吃，有電影看，什麼也不管，不到三十分鐘他就歪在座位上呼呼地睡了。

在電影院裡他和她談了很多話，他說下個月就可以調來T市担任一個更適當的工作，那時他們可以天天見面，他可以安心地籌一筆款子作爲結婚費用。不過他對張嬙沒有取得離婚字據還有點耿耿於懷，張嬙一再向他解釋孫確是一個一言不苟的人，他決不會打壞主意，叫他放一百二十個心，只要準備就緒隨時可以通知他補辦手續，這種事由她負責辦理，決不勞他的神。但他還是向她提出了一些法律上的問題要她注意，時間一定要提前，不能從簽字日起計算，因爲他知道離婚不過六個月是不能再結婚的，她對他說可以從和孫實際脫離的日子起作爲正式生效日期，他這才稍稍放心。

看完電影之後他又請她母子兩人一道去吃冷飲，寶寶聽了格外開心，走起路來一跳一蹦的，他也和他媽媽一樣有一種擺手幌肩的習性，他一個人在前面走，看到了一家大冷飲店就跑了進去，他們兩個大人也只好跟着走進去。

寶寶看見什麼就要什麼，他樣樣都想嚐試一下，不管是甜的鹹的。胡笑着對張嬙說：

「我看這小傢伙眞像妳。」

「是眼睛還是鼻子？」她也笑着問他，她覺得寶寶的眼睛鼻子最像她。

「什麼地方都像，連胆大妄爲和好奇的心理也都一樣。」他望望寶寶又望望她說。

她得意地一笑，她對她這個兒子一向頗爲欣賞，她常恨自己不能像喬治桑那樣寫出那麼多的作品，她說這就是她的傑作。她是頗爲心儀喬治桑其人的。

寶寶只顧低着頭吃喝，卻不理會他們的談話，一吃飽了就嚷着要回去。本來胡野禪還想多坐一下，他心裡正在起一個壞念頭，但寶寶一定要走，她也示意他來日方長，於是他只好會賬，隨後又喊了一部三輪送她母子兩人走了。

一回到家寶寶就自言自語地說：

「胡伯伯眞好！」

老太太聽了馬上橫他一眼：

「我看你母子兩人都着了魔！」

張嬙一聽老太太的口風不對，心裡就不免七上八下，但她還是很委婉地徵詢老太太對胡的意見：

「媽，您覺得胡這人怎樣？」

「我看他就只一張貧嘴！」老太太沉着臉說。「再加一身輕骨頭！」

張嬙馬上倒抽一口冷氣，她知道老太太這一關是怎樣的重要？假如她眞的不肯通過那就太麻煩了！

「媽，您看他和老孫怎樣？」她提心吊胆輕輕地問。

「哼！」老太太從鼻子裡重重地哼了一聲：「就憑他那副猴相也不能和大慶相比！妳看他尖頭窄腦，白眼直翻，坐沒有個坐相，站沒有個站相，連骨頭都是輕飄飄的！我看他從來就沒有個好心眼兒，不知道妳看中了他那一點？眞是鬼[redacted]了妳的[redacted]！」

張嬙聽了老太太這一頓搶白臉色立刻[redacted]慘白，她頹喪地坐到矮籐椅上，半天說不出話來。她也知道他這些毛病，但她就愛他這些毛病和那份壞到骨子裡的品性，以及那出奇的鬼聰明。因爲這都是老孫所沒有的！何況她現在已經騎虎難下？因此她流着眼淚哀求老太太：

「媽！這件事還得請您成全？」

「哼！成全妳？要我看着妳跳火坑下地獄嗎？除非我馬上死，否則我決不答應妳嫁他？寧可妳嫁給蹬三輪的，也不能嫁他這種沒有一點德性的東西！」老太太在張嬙面前數落[redacted]，她想起這件事和無端受屈痛苦的大慶她就痛心。沒有看見胡之前她心裡還有一線希望，今天一看見他她就完全灰心，她平時討厭這種人，偏偏張嬙又和他做出這種不名譽的事情，拆散了美滿的家庭，她眞是越想越氣，越想越恨。

「[redacted]，媽！」張嬙忽然雙手[redacted]喃喃地哭了起來。

「哭？妳還哭個什麼勁？趕快和他一刀兩斷，以後不許他再進我的門！」

老太太在她面前叫嚷了一陣之後就氣吁吁地走進臥室去了，她[redacted]沒有[redacted]地生過這麼大的氣。

第二十二章 淑嫺謹慎得佳婿 張嫱無力去魔星

淑嫺終於來了，她是和那位陳老師一道兒來的。她已經接受他的愛情，前兩天和他訂婚了。他有事到T市來，她也就便和他一道來看看張嫱。

這兩位客人的光臨除了張嫱很高興之外，老太太也非常熱烈地歡迎，因為淑嫺十幾歲就在她家中來往，她老人家一向看得起她，她說淑嫺文靜端莊，有大家閨秀風範，她總是要張嫱學淑嫺的樣子，偏偏張嫱不聽話，過不了兩天又老毛病復發，所以才弄成現在這個樣子。老太太不但看了淑嫺高興，看了這位陳先生也頂高興，他身體高大健康，方面大耳，儀表堂堂，說話一是一，二是二，站得挺直，坐得端正，待人接物都有分寸，對淑嫺也沒有一點輕薄相。她認為這才是女人應該找的對象，是和大慶一型的正人君子。他坐了一二十分鐘就起身告辭，讓淑嫺留在這兒和她們談談，張嫱和老太太對他說要留淑嫺多住兩天，他毫無異議，只約定一個日子來接她一道回學校去，他們都是學校續聘的。

陳先生走後老太太就對淑嫺說：

「淑嫺，我看妳這位陳先生人很不錯，好孩子，妳有眼光！」

「伯母，現在還難說定。」淑嫺審慎地回答。

「不，我一落眼就知道，這種男人才靠得住。」老太太爽朗地說。

「托您老人家的福氣。」淑嫺恭敬地欠欠身子。

「孩子！這是妳的眼光，也是妳的謹慎，虧妳等了這麼些年頭！」老太太慈愛地笑笑，她知道淑嫺的年齡不小，比張嫱還大兩歲。

「這件事情我始終不敢隨便，所以一拖就拖了這麼些年。」淑嫺溫婉地說。

「可是我們這位却像兒戲似的滿不在乎！」老太太雖是對着淑嫻說話，却故意白了張嫱一眼。

淑嫻聽見老太太這種口氣就不好再接腔，一方面怕惹老太太生氣，一方面又怕張嫱難堪。老太太知道淑嫻的意思就找了一個藉口走了。

老太太一走淑嫻就輕輕地問張嫱：

「伯母見過胡野禪沒有？」

「見過一次。」張嫱點點頭。

「印象怎樣？」淑嫻輕輕地問。

「壞透了！」張嫱把頭一搖，肩一幌，手一攤，嘆口氣說。

「那怎麼辦呢？」淑嫻十分着急。

「我也不知道該怎麼辦？」張嫱把頭一搖，兩隻眼睛一翻。

「孫有信來沒有？」淑嫻想從這方面打聽點消息。

「沒有。」她又搖搖頭。

「妳去過信嗎？」淑嫻又問。

「現在還不想寫。」她懶散地回答。

「孫現在也許很痛苦？」淑嫻知道孫的情感專一，這次意外的事件他一定不會淡然忘去。

「可能。」她懶散地點點頭。

「他怎麼肯同意離開？」淑嫻有點奇怪。

「他是個好人。」她坦白地說。

「這件事妳也應該多加考慮？」

「我做了對不起老孫的事，我怎麽能和他繼續相處？」

「胡現在準備怎樣？」

「他準備籌錢和我結婚。」

「他知道老太太對他的印象嗎？」

「不知道。」

「妳想不想讓他知道？」

「現在還沒有決定。」

「假如他一旦知道呢？」

「可能有兩種結果。」

「那兩種結果？」

「一是他胆大臉皮厚，照常來往。」

「二呢？」

「二是反臉不認人，和老太太鬧翻，甚至不再理我。」

「嗯，他這種人很難斷定。」淑嫻皺起眉來。

「說也奇怪，老孫我可以把他捏在手裡玩，胡我却一點也摸不着他的頭腦。」她迷惘地說。

「君子可以欺其方，所以孫妳能控制。」淑嫻說了一半就不再說了。

「唉，胡的鬼心眼兒也實在多！」她嘆了口氣說。

「現在妳才覺得？」淑嫻望着她說。

「這也只怪我太自負，以前我認爲任何男人都跳不出我的手掌心，想不到居然還有比我更——」

她對她自己也找不出一個適當的形容詞，所以她說到這兒就戛然而止了。

「我說男人總是男人，我們女人再滑也滑不過他們」。淑嫻若有所思地說。

「照妳這樣說我們女人永遠要矮一節了。」她不服氣地望着淑嫻。

「那倒不是這個意思。」淑嫻自信地搖搖頭。

「我眞奇怪，這世界既生了女人爲什麼又要生男人？」她擺手幌肩地說。

淑嫻聽了不禁噗哧一笑：

「妳這話就有些癡了！」

「大姐，一點不癡，假如這世界眞的只有女人或是只有男人那不就省了許多麻煩嗎？」

「假如這世界眞像妳想的那樣那就不成其爲世界了。」

「假如我是上帝我就不這麼造人。」她斷然地說。

「妳怎麼個造法？」淑嫻笑着問。

「要麼讓男女一體，使他們分不開！要麼不給他們造眼睛，使他們根本不能選擇。」她望着窗外的藍天說。

「瘋話！瘋話！」淑嫻忍不住笑了起來。

「假如大家都像我這麼瘋瘋癲癲那就好了。」她自己也啞然失笑。

「都像妳這樣那不變成了孫猴子大鬧天宮了？」淑嫻向她有意地一笑。

「假如我眞能像孫猴子那樣隨手扯掉一根汗毛就能變出許多化身來那該多好？」

「那妳打算怎樣呢？」

「一個伴孫，一個伴胡。」

「還有呢？」

「愛怎樣就怎樣！」

「嫌這[redacted]太危險。」淑嫻已經看出她的二重人格和複雜得出奇的品性來。

「我本來就是野馬。」她把頭一昂。

「可是這是文明社會，不能讓妳橫衝直撞。」淑嫻[redacted]說。

「這種文明比深山的虎豹更可怕，簡直要我的老命！」她雙手一拍。

「妳應該約束自己。」

「我不願意套上絡頭。」

「妳應該有點理智。」

「理智像曇花，在我腦筋裡只偶然一現。」

「我看妳今後應該冷靜一個時期。」

「這不是我一個人的事。」

「妳可以少和胡來往。」

「現在更辦不到。」

「妳可以把老太太的意思[redacted]告訴他。」

「現在我還不想這麼做。」

「既然老太太反對妳和他結婚，那妳最好[redacted]要[redacted]。」

「那要看他怎麼決定。」

「妳不能再遷就他，妳犧牲了孫不應該再犧牲老太太。」

「自然最好是兩全。」

「這末你應該先有定見。」

妳一隻手不能撈兩隻魚。

「那麼暫時看着吧！」她突然[illegible]

船到橋頭自然直。

淑嫻不再說下去，她眞有點不解，像張嬙這樣聰明的人怎麼會做這樣糊塗的事？明知道前面是火坑也毫不考慮地往下跳！她眞想像不到她將來會有怎樣的結局？

第二十三章　胡野禪心中有鬼　張嫱女臉上發燒

淑嫻在張嫱家裡住了兩天就同她的未婚夫陳先生回學校去了。

她在張嫱家裡兩天的時間幾乎和張嫱形影不離，同吃同睡，看書，散步，看電影都是一道兒，這種共同生活完全和張嫱未婚前她們兩人的閨閣生活相似，親暱，有趣，所以淑嫻一走張嫱就覺得格外寂寞空虛了。

由於心情不好，她常常因為一件小事和老太太嘔氣，實實一頑皮她就給他一巴掌，打得他哭哭啼啼，孩子一哭老太太就心疼，就又訴說她一頓，於是妳一句我一句兩人就又鬧起來了。鬧兇了老太太就嚷着要到孤老院去，她一想起老太太十幾年的撫養深恩她又不禁心頭一酸，眼淚就汨汨地流出來了，老太太看見她哭自己更好哭，因此兩人就抱頭痛哭起來。

這種日子過了將近一個月光景，胡野禪果然調到T市來工作了。他到T市T後，幾乎每天都約張嫱幽會，這件事老太太並不清楚，她很微妙地在老太太和胡之間造了一道牆，使他們不能碰頭。她用種種理由不讓他上她家去，他也只要能會着她本人去不去她家裡那就無關重要了，他對老太太和孩子是沒有什麼大興趣的。老太太對張嫱每天外出自然不免發生疑竇，可是她却以找工作為理由把她搪塞過去，飯是要吃的，老太太自然不能把她關在家裡讓大家挨餓。她手邊的那點積蓄不到萬不得已時她是不想動用的。張嫱每天外出除了和胡在一道外也確實在找工作，不過這年頭人浮於事，一直沒有什麼眉目，她一遇挫折就索性和胡玩個痛快，懶得去傷那些腦筋，看那些尷尬面孔了。同時胡野禪更是嫉妒成性，他也不願讓她花枝招展地去求人找事，他生怕半路殺出個程咬金，把她從他手裡搶了過去，那是他不能忍受的。他對任何東西是寧可玩厭了自己摔掉，假如他對它還有一分情意他是不會讓別人奪去的，他對於女人的態度亦復如此。他摔掉過很多女人，一點也不難過。可是對於張嬙的現在不但不想摔掉，而且希望早點獨佔起來，他並不滿足於現在這種實際的佔有，他要徹頭徹尾地佔有他、公開地佔有她，因此他對於結婚的籌備進行得非常積極。

一天他忽然向張嬙提出結婚的日期，張嬙覺得時間太匆促，老太太對他的印象又一直沒有改變，但又不好對他說明。因此顯得有點尷尬，沒有立刻回答他，他馬上抓住她的兩臂用力地搖撼，眼睛裡射出妬嫉憤怒的火燄：

「妳為什麼不講話？妳在搞什麼鬼？」

她苦笑地搖搖頭，仍然沒有回答。

「是不是孫有信來要妳回去？」他神經過敏地問，他覺得她和孫沒有辦妥離婚手續對他們兩人的事不大方便，他沒有見過孫，他絕對不相信世界上會有孫那樣的好人。

「不，絕對沒有這回事。」她用力搖頭。孫的確沒有來信，她也還沒有想到要先寫信給他。

「那妳為什麼會變成這副鬼樣子？」他放手把她往外一推，她一連倒退了兩步。

「你別這樣毛毛燥燥的好不好？」她剛一站定就豎眉瞪眼地頂撞他。

「我正在興高彩烈妳為什麼要潑冷水？」他又追上一步逼問她。

「誰向你潑冷水？」她睜大眼睛反問他。

「妳剛才那樣吞吞吐吐的怪相比潑冷水更教人難受！」

「你受不了？」她向他詭譎地一笑。

「我不知道妳心裡在搞什麼鬼！」他妬嫉地望着她。

「你真好大的醋勁！」他詭譎地一笑：「假如你看見我抱着別的男人那又怎樣？」

他虎的衝上去，在她臉上重重地摑了一下，她痛得叫了起來，他又馬上用力把她往懷裡一拉，她就不再作聲了，她心裡似乎感到一種野性的滿足。

「看妳還敢不敢搗鬼！」隨後他又用力把她往外一推，使她幾乎跌倒。

「是你自己心裡有鬼，我根本就沒有搗鬼。」她反而向他嫣然一笑。

「那妳為什麼不爽爽快快答覆我的問題？」他走過去用手托着她的下顎說，語氣也和緩了許多。

「我怕你生氣。」她說出了心裡的顧忌。

「妳不願意？」他又神經過敏起來。

「不是我不願意。」她搖搖頭說。

「孫不願意？」他又想到孫，他總怕孫暗中作梗。

「也不是老孫。」她又搖搖頭。

「既不是妳，又不是孫，那還有誰？」他奇怪地問。

「是老太太。」她終於說了出來。

「哈哈哈，」他忽然咧開嘴巴大笑起來：「她又不是當事人，關她屁事！」

「你不能這樣說。」她雖不滿老太太干涉他們這件事，可是也不願意胡侮衊老太太。

「本來嘛，我們這件事和她沒有一點切身的關係。」他翻着白眼說。

「她辛辛苦苦把我撫養成人，她怎麼不關心呢？」她抗議地說。

「妳又不是三歲兩歲，還用得着她關什麼心？」他仍然翻着白眼。

「可是老年人總愛把兒女當作三歲的孩子看待，不管他們是三十四十。」

「這簡直沒有道理。」他訕笑地搖頭。

「這就叫做愛。」她[illegible]。

「喲，妳這又是從那裡檢來的？」他翻着白眼望着她說。

「是從老太太身上體會出來的。」她笑着回答。

「想不到老太太倒蠻有學問？」他滿臉譏笑地說：「可就是不通人情！」

「你不要挖苦她好不好？」她忍住氣望着他。

「那她爲什麽要管我們的事？」他歪着頭翻着眼。

「因爲她太愛我。」

「難道孫不愛妳？」

「那情形不同。」

「妳能撇下孫反而不能撇下老太太嗎？」

「話不是這麽說。」

「怎麽說？」他忽然走近一步問。

「我很困難。」[illegible]

「妳不是以女俠自命嗎？[illegible]怎麽這點困難就把我們的女俠難倒了？」

「假如你是我你該怎麽辦？」她也向他走近一步。

「乾脆，摔掉！」他輕快地說。

「你倒說得輕鬆！」她把嘴巴輕輕一撇。

「不輕鬆難道天天爲她苦惱？」

「她爲我苦惱了一輩子，難道我就不該稍微顧念她一下？」

「但是妳也應該自作主張，不能讓她來擺佈！」

「所以我正在考慮。」

「還就她？」

「不。」

「這就奇怪了！」他翻着白眼聳着肩膀說：「那我們爲什麼不乾脆馬上結婚？」

「我想說服她。」她說出了自己的計劃。

「我看沒有必要！」他沉着臉搖搖頭。

「這是爲你好？」她溫柔地說。

「奇怪？」他睜着眼睛望着她：「怎麼又是爲我好？」

「我希望能夠轉變她對你的印象。」

「我就是這副猴相，只要妳愛我就得了，她愛不愛我那有什麼關係？」他說着輕薄地笑了起來。

「我老實告訴你，如果妳不這麼輕薄，就不會有現在的麻煩。」她白了他一眼。

「妳要我裝狗熊嗎？那我可裝不來！」他滿不在乎地說。

「不是要你裝狗熊，只要你老先生能放莊重一點就得了。」她祈求地說。

「莊重？僞君子多少錢一斤？」他逼近她對着她的臉上說。

「你又在胡扯！」她把他推開一點說。

「我胡扯？」他先指着自己的鼻尖，隨後又把手一揮：「我才不胡扯！我壞也要壞在臉上，別人愛怎麼說就怎麼說，我可不管那一套！」

「你別光火好不好？」她走近去握着他的領帶溫柔地說。她就愛他這種怪性格。這是別人所不喜歡的，但她却十分偏愛。

「別這麼婆婆媽媽好不好？」他推開她說：「妳到底打算怎樣？」

「老先生，你怎麼這麼急？你多給我一點時間好不好？」她皺着眉嘟着嘴說。

「不！」他用力把頭一搖！「我希望妳在我和老太太之間馬上作一個選擇。」

「你爲什麼要這樣逼我？」她忽然抓住他的臂膀亂搖起來。

「不是我逼妳，妳要知道我的性格！」他嚴重地說。

「我知道！我知道……」她驀地放下他，蒙着自己的臉，痛苦地自語着。

「那妳就應該早點決定。」他劈開她的手，盯着她的臉上說。

「我也希望能够早點說服老太太。」她迷惘地望着他。

「妳到底需要多少時間？」

「現在還不能決定。」

「我希望有個期限。」

「你何必這樣急？」

「我們這樣下去對妳固然不好，對我可也不大方便。」

「那麼你給我多少時間？」她握住他的手望着他的臉急切地問。

「一個月。」他伸出食指來。

「那不可能。」她輕輕地搖頭。

「兩個月。」他再伸出一個指頭，同時加重語氣。

「我仍然沒有把握把她說服。」她惶惑地說。

「好，就給妳三個月！」他同時伸出三個指頭斬釘截鐵地說：「再多一天我都不幹！」

「好吧，三個月就三個月吧！」她無力地點點頭，十分悽涼地說：「野禪，你眞是我命裡的魔星，我也不知道我究竟應該怎麽決定？你又會怎麽決定？」

第二十四章　閨友于歸來道喜　洞房話別走後門

自從胡野禪和她約定三個月的期限之後，她就加緊進行對老太太的說服工作，一遇着機會她決不放過，只要老太太有空閒她就陪着她聊天，儘量地討她喜歡，每當老太太眉開眼笑時她就會提到胡野禪，提到他們的婚姻，老太太一聽到這些話不是顧左右而言他，就是這幾句老話：

「他不是個好東西！」

無論她怎樣努力，她還是無法改變老太太對他的印象。她心裡非常煩惱焦急，每次他和胡見面她都不能給他一個滿意的答覆，他那冷言熱語的譏諷使她很不好受，她有時也氣得和他大吵大鬧，說他太性急，太不顧慮她的處境，但他的答覆總是出乎意料之外的奇妙，使她覺得他也不是全無理由，雖然自私一點，但却自私得可愛，她既不能擺脫他，也不能摔掉老太太，她就在他們兩人之間左右搖擺！她苦惱，她困惑，她怕見他，但心裡又想見他，她氣老太太，但又不願撇下老太太。

正在這種極端苦惱的時候，她忽然接到淑嫻和陳先生結婚的喜帖，當時她心裡有一種說不出來的感覺，去嗎？以自己目前的心情只有增加更多的感觸，或許還會引起別人的注意和訕笑；不去嗎？憑她和淑嫻兩人的情誼怎樣也說不過去的，何況當初她結婚時淑嫻還是她的嬪相呢？她替她解決了不少瑣碎問題，比同胞的姐姐還細心體貼，現在她結婚自己不去那怎麼成呢？再說這幾天老太太對她又沒有好言語，暫時離家幾天不也很好嗎？因此她決定去參觀淑嫻的婚禮了。

她細心地選購了幾件禮物就動身走了。

她到達時是在婚禮舉行之前的三小時，淑嫻還沒有化裝，兩人一見面自然顯得格外親切，淑嫻今天眞是喜氣洋洋，比往昔活潑愉快多了，彷彿年輕了好幾歲哩。

「大姐，妳顯得更年青了。」她握着淑嫻的手笑着說。

「都快三十的人了，還年青呢？」淑嫻嬌媚地笑着，輕輕地白了她一眼。

「不，心裡快樂的人是永遠年青的。」她覺得淑嫻此刻精神愉快，因此顯得比平日年青，若論年齡，自然不算小了。」

「阿嬙，妳最近怎樣？」淑嫻關切地望着她。

「還不是糊里糊塗地鬼混。」她幌幌肩說。

「老太太好嗎？」淑嫻又接着問。

「好倒好，就是愛和我嘔氣。」她微微嘟起嘴巴。

「胡呢？」

「還不是那副猴相。」她兩手一攤做了個鬼臉。

「你們的事到底怎麼辦？」

「他太急，老太太又不同意。」

「妳自己呢？」

「兩難！」她把肩一幌，手一攤。

「妳應該保重自己，我看妳的氣色不大好。」淑嫻看她又瘦又黃，有點耽心。

「我眞是鬼摸了頭，總是顚顚倒倒的。」她無可奈何地一笑。

「妳和孫通過信嗎？」淑嫻輕輕地問她。

「沒有。」她把頭一搖。

「孫眞是個好人。」淑嫻意味深長地讚賞一句。

「大姐，妳見過他嗎？」她抬起頭來問。

「沒有。」淑嫻故意搖搖頭。

「唉，大姐，我們別說這些事吧，今天是妳的好日子。」她嘆了口氣說。

「沒關係，假如妳願意談的話可以繼續談下去，我們在一塊兒的機會是愈來愈少了。」淑嫻十分感情地說。她覺得她們兩人在學校唸書時眞是形影不離，十年如一日，自從張嫱結婚之後相處的機會就少了，她當時深引爲憾，現在自己又結婚了，以後她們朝夕相處的機會自然更少了。

「大姐，我覺得還是我們兩人相處的日子好。」張嫱也感情地說。她覺得只有她們兩人相處時心情最爲平靜閒適，和孫和胡相處都不免有煩惱激動。

「我也這麼想，不過我還沒有和男人相處的經驗。」淑嫻天眞地一笑。

「麻煩！」她把肩膀一幌。

「眞的嗎？」淑嫻又天眞地一笑。

「不過妳不同，陳先生也不同，你們兩人一定會相處得很好。」張嫱覺得自己剛才有些失言，連忙用這話來安慰淑嫻。她也的確認爲他們兩人會很幸福的。

「以現在的情形看來還不算壞，因爲我們兩人的性情志趣很相投。」淑嫻馬上愉快起來。

「這就是幸福的基礎。」她若有所感地說。

「謝謝妳的好意。」淑嫻笑着說。

「別謝我！」張嫱把頭一搖，嘆了口氣：「我自己偏被鬼摸了頭。」

「亡羊補牢，猶爲未晚。」淑嫻笑着鼓勵她。

「我看我是不可救藥了！」她搖頭[illegible]地說。

「別自暴自棄，妳是聰明人，總有一天會想通的。」

「大姐，我就是想不通，假如我眞的想通了也許會做尼姑去？」

「妳怎麼會有這種[redacted]念頭？」淑嫻[redacted]望着她。

「大姐，妳放心！」她拍拍淑嫻的肩頭向她一笑：「現在時代不同，我也不能六根清淨，那種敲木魚唸經的日子我怎麼過得來？」

淑嫻聽她這麼說也不禁莞爾一笑。

這時嬪相走了進來催淑嫻化粧，張嬙也連忙幫她料理一些瑣事。淑嫻的頭髮是剛做過的，毋須再費什麼勁，張嬙只順手替她整理了幾下。至於面部化粧嬪相是內行，張嬙也是內行，不過張嬙的格調更高，她不主張濃裝艷抹，她針對淑嫻的面形，皮膚，和眉眼，嘴巴的形狀指導嬪相使用各種各樣的化粧品，沒有多大工夫就把淑嫻化粧成一個天仙似的美人，沒有一點俗氣。

「大姐，陳先生看見妳這樣一定會心旌搖曳了。」她一面替淑嫻披紗，一面笑着打趣她。

「妳還是這樣淘氣？」淑嫻白了她一眼。

「因爲今天是妳的好日子，我也格外高興。」

「好吧，今夜我們剪燭西窗，作竟夕之談好了。」淑嫻高興地說。

「我的傻大姐，請問妳把陳先生放到什麼地方去？」張嬙不禁噗哧一笑。

淑嫻馬上羞紅了臉，輕輕地在張嬙臉上擰了一下。

行禮的時間到了，嬪相擁着淑嫻走向禮堂，張嬙在後面照顧兩份小朋友牽紗，她們一走進禮堂賓客們就鼓掌歡迎，同時用各種顏色的紙屑向新郎新娘頭上撒洒，婚禮進行曲也悠揚地奏着，整個禮堂是一片喜洋洋的景象。

行禮時觀禮的男女賓客自然地分成左右兩排站着，張嬙也夾在女賓行列中站着。主婚人證婚人說了許多感謝祝福的話之後就由介紹人致詞，介紹人很會講話，亦莊亦諧，引得男女賓客不時哄堂大笑。這時張嬙忽然發現男賓行列中有一張黃瘦的臉和一對沉鬱的眼睛在注視她，她定睛一看才知道他是老孫！她幾乎失聲驚叫起來。以前他那麼結實的身體那麼豐滿的臉現在怎麼會變得這麼瘦削？使她幾乎認不出來！她心裡非常難過，他想走過來和她談話，她示意他不必過來，她怕自己控制不住情感，她準備婚禮結束之後找一個僻靜的地方和他談談，但忽然一陣噁心使她想要嘔吐，她臉上青一陣白一陣，幾乎跌倒下去，她知道這是什麼緣故？以前懷寶寶時她第一次的感覺也是這樣的。內心的羞愧使她再也站立不住，她像小偷樣地從人叢中悄悄溜走，溜到淑嫻的房間裡來了。

一走進淑嫻的房間她的眼淚就忍不住流了出來，她的思想紊亂得很，假如不是剛才一陣噁心她是決定在婚禮之後和老孫單獨談談的，可是這陣噁心使她連再見老孫的勇氣都沒有，她不但不想在這種場合再見老孫，也不想再見淑嫻，她在抽屜裡找出一張紙來想留幾句話給淑嫻告別，並表示萬分的歉意，當她剛寫到一半時嬪相和淑嫻就匆匆地竄了進來，淑嫻看見她臉色不對連忙問她是什麼事？她只搖頭不說話，淑嫻機警，連忙笑着把嬪相打發出去，把門反鎖起來。

張嬙看見沒有外人就往淑嫻身上一撲，哭泣起來，淑嫻連忙問她：

「到底是什麼事？看見孫沒有？」

「大姐，是誰請他來的？」她抬起淚眼望着淑嫻說。

「是我。」淑嫻抱歉地一笑。

「大姐，妳既然請了我就不要請他，請了他就不該再請我。」她眼淚模糊地說。

「難道你們有什麼仇恨？」

「沒有。」她搖搖頭。

「莫說沒有，就是有也沒有不能見面的道理？好歹你們總做過夫妻。」淑嫻以大姐的身份開導她。

「大姐妳別再說，別再說！」她在淑嫻身上搥了兩下。

「阿嬙，我請你們兩人來實在是一番好意。」淑嫻莊重地說。

「我知道！我知道……」她歇斯底里地喃喃着。

「那妳爲什麼要怪我？」淑嫻托着她的下顎問。

「大姐我不怪妳，我是恨我自己！」她搖頭，搥胸，頓腳。

「妳能回心轉意那就好了。」淑嫻向她溫和地一笑。

「太遲！太遲！」她鄭重地說。

「現在還來得及，妳要不要我叫孫來談談？」淑嫻故意向門口走了一步。

「不！千萬不！」她連忙伸手拉住淑嫻。

「這又是什麽意思？」淑嫻馬上站住。

「大姐妳不知道！妳不知道！」她連連搖頭。

「好吧，那麼晚上我們再詳細談談吧！」淑嫻拍拍她的肩頭說。她覺得張嬙此刻太激動，不必再刺激她的情感，同時馬上要開席了，她還要出去敬酒，那麼多的客人不能不去應酬，她一面和張嬙說話還一面搶着卸裝。

「不，大姐，我馬上就走。」她站起來說。

「這怎麼成？我還想留妳多住幾天哩！」淑嫻用力把她按下去。

「不，大姐，請妳原諒，我要回去，馬上去！」她剛一坐下又站起來說。

「阿嬸，妳不要這麼任性。」淑嫻裝作十分嚴重地說。

「大姐，請妳原諒我這一次。」她痛苦地望着淑嫻。

「妳說了今天是我的好日子？」淑嫻友愛地望着她。

「大姐，我在心裡祝福。」她指着自己的胸口說。

「阿嬸，當初我眞沒有想到妳會發生這樣不幸的事。」淑嫻扶着她的肩頭感慨萬端地說。

「大姐，妳不必爲我難過。」她忽然裝得十分坦然！

「我也爲我自己躭心。」淑嫻微微皺起眉頭，她也覺得婚姻問題實在不簡單。

「不，妳不比我，妳不會錯。」她肯定有力地說。

「謝謝妳的祝福。」淑嫻馬上握住她的雙手。

「大姐，妳讓我走吧，待會兒人來了反而不好。」她輕輕推開淑嫻。

「阿嬸，這叫我怎麼說呢？」淑嫻爲難地搓手。

「大姐，不必提起，我沒有再提的價值了，老孫快點把我忘記。」她嗽嗽地流淚了。

淑嫻再也沒有什麼話好講，含着淚打開門讓她悄悄地走了。

禮堂裡正響起盈耳的笑聲。

張嬌回來之後就和老太太大吵大鬧，要她答應她馬上和胡野禮結婚，老太太非常生氣，無論如何不肯。

「我早說過了，寧可妳嫁踏三輪的，也不能讓妳和[redacted]那個沒有一點德性的東西結婚。」張嬌大吵大鬧之後老太太仍然這麼說。

「您太不諒解我。」她生氣說。

「一錯不能再錯，怎麼說我也不能同意。」老太太仍然固執。

「媽，現在時代不同。」~~她有點威脅的口氣說。~~

「不管時代怎麼變，父母愛子女的心決不會變。」老太太堅定地回答。

「您也應該體諒我的苦衷。」~~她的語氣漸漸柔和下來。~~

「我怎麼不體諒妳？~~老太太向她走近一步：「~~妳要我看着妳跳火坑那可不成！」

「媽，別儘講廢話。」她又不耐煩起來。

「嘿嘿！」老太太叫了起來：「廢話？我廢話妳不廢話？妳不愛聽我[redacted]更不愛聽哩！」

張嬌眼睜睜地望着老太太，臉上氣得通紅，一時說不出話來，和老太太鬧翻嗎？不但辜負了她這十幾年的撫養深恩，萬一她眞的走了[redacted]個孩子就沒有人帶，飯也沒有人弄，一切家務都沒有人料理，她自己是不成的，老太太一走馬上就要發生很大的問題；不和她鬧嗎？看樣子她是決不輕易點頭的，因此她只好把一句硬繃繃的話說得柔和一點。

「媽，您到底同不同意？」

「不同意又怎樣？」老太太沒好氣地回答。

「媽，您爲什麼這樣固執成見？任何人有壞處也有好處。」她深深地嘆了一口氣[illegible]說。

「我看他就沒有丁點兒好處！」老太太咬着牙說。

「媽，您不能這樣武斷。」

「我武斷？我才不武斷！」老太太先指着自己的胸口，然後又指着張嬌的腦袋說：「我看是妳自己太糊塗！」

「媽，就算我糊塗，妳也應該放我走一條路？」她幾乎是懇求地說。

「三條大路走中間，誰攔住妳不許妳走？」老太太理直氣壯地質問她。

「媽，您別這樣說好不好？」她氣得叫了起來。

「不這樣說妳教我怎麼說？」老太太白了她一眼。

她氣得搓手頓脚，在房子裡團團轉。

「我看妳要發瘋了？」老太太看她那樣子又冷冷地說了一句。

「媽，您這樣逼我我眞會發瘋！」她猛力轉過身來叫喊。

「活該！誰叫妳自找苦吃？」老太太把臉轉過去。

「好！您別管我好了。」她像抓住話柄似的氣沖沖地說。

「哼，我還沒有死！」老太太嚴峻地回答。

「您總不能管我一輩子？」

「活一天我就要管一天。」

「媽，您簡直是坑我！」她急不擇言地頂撞。

「好哇！我坑妳，我好心沒有好報，我走好了！我走好了！」老太太氣吁吁地往房裡直奔。

張嬸知道這句話講得太重了，她連忙拖住老太太向她求饒：

「媽，您別生氣，我說錯了！我說錯了！」

「哼！我早知道妳把我當作眼中釘。」老太太心已經軟了嘴還是硬着。

「不，媽，沒有這回事呀！」她委屈地叫喊着。

「那妳爲什麼成天找我吵吵鬧鬧？」老太太質問她。

「媽，您不知道我的痛苦。」她想講又不敢把那件事貿然地講出來。

「妳有什麼痛苦？」老太太裝作漠不關心地問。

「媽，我有了。」她輕輕地說，然後迅速地低下頭去。

她這句話像晴天霹靂般地轟擊着老太太，頓時使她目瞪口呆，半天講不出話來，隨後又像洩了氣的皮球似的軟綿綿地躺到椅子上去，她萬萬沒有想到自從搬到T市之後她對張嬸這樣小心管束結果還是出了亂子？她知道這和大慶沒有一點關係，她氣得咬緊牙齒喃喃地說：

『冤孽……冤孽……』

第二十六章　遊戲人生結孽緣　黃粱美夢成噩夢

自從張嬙把底招牌揭開之後老太太就不再固執成見了，生米已經煮成熟飯，她再堅持下去也不是辦法，孩子總該有個爸爸，不管是跛子，瞎子，總要有個交代，不然怎麼好見人呢？

張嬙取得老太太的默契之後她以為渡過了最後一道難關，心裡自然高興，對於孫那份愆咎也拋到九霄雲外去了！她慶幸這未出世的孩子有了爸爸，雖然不是姓孫但總算有一個姓，只要孩子有了姓那就不管他姓什麼了，她認為姓的本身並無意義，胡和孫都是百家姓裡的，胡不見得就差到那裡？她確信孩子姓胡是姓定了的。於是，她特別化粧了一番，坐着三輪興冲冲地去找胡。但一到胡辦公的地方就碰了壁，傳達說他沒有上班，還好奇地望了她幾眼。她心裡自然生氣，却又不便發作，也許他真的沒有上班？於是她到他宿舍去找，誰知道又撲了一個空？她一肚子的火沒有地方發洩只好又壓下去。她一轉念又對胡原諒起來，因為以前一向是他約她，今天却是她找他，事先又沒有約好，撲空自然不能怪他，何況他又是一個花脚貓，辦公室既坐不住，宿舍也就不牢，他就愛東鑽西跑，今天找不着明天還可以再找，T市只有這麼大，難道他還會跑掉？

第二天她又沒有找着他，第三天還是撲了空，以後一連四五天都沒有見到他的影子，她留下的字條也好像石沉大海沒有反應，問傳達傳達又說交給了他，問他的人呢？傳達又說不在，這就使她有點惶惑起來。她記得前幾次和他相會時他彷彿一次比一次冷淡，一次比一次怪誕，但她認為他就是這麼一副捉摸不定的性格，她並不懷疑，算算日子三個月的期限也還沒有到，這麼一個很短的期限他總應該遵守？再薄倖也不應該薄倖到這種地步？何況自己已經有了孩子？她為了慎重起見又寫了一封信給他，告訴他老太太已經同意，自己也有了孩子，希望他早點結婚。

信去之後，好幾天仍然沒有反應，她這才真的着急起來，她算算限期只有一個禮拜，於是她又坐着三輪到他辦公的地方去，她不顧傳達的攔阻，一氣衝上他的辦公室，果然不見人影，全辦公室的人都奇怪地望着她，她只好留下幾句話又跑下來，一走到傳達室門口傳達就歪着頭譏諷地說：

「我告訴妳他不在妳不相信，他一早就帶着女朋友去玩了！」

她一聽傳達的話眼裡就金星亂迸，她幾乎倒了下來，她忍住眼淚勉強支持到門口，一跳上三輪就蒙着臉哭了起來。但回到家裡還不敢在老太太面前吐露半個字兒，一則是怕挨老太太的臭罵，再則似乎還不能斷定他變了心，傳達說的也許是氣話？也許是普通的女友或是同事，現在社交公開，男女來往不足爲奇，也許是傳達少見多怪？再說憑她和他這一段恩情，無論如何他也不該變心，她相信她還有吸引他的魔力，像她這樣的學識，這樣的面貌和身材的女人在中國社會畢竟不多，他一生又能找到幾個？憑他那副猴相也實在不會有幾個女人愛上他，只有她自己才是鬼摸了頭，會對他發生那麼大的興趣，別的女人是絕對不會的，淑嫻就是一個例子，一想到這裡她反而坦然無憂了。

可是謎底終於揭穿了！一天早晨她打開報紙一看，一眼就看到報頭下面這幾個紅色大字：

胡野禪
柳韻　結婚啓事

她當時幾乎不相信自己的眼睛，她用力揉揉眼皮，再仔細看看內容，一點不錯，這的確是胡的結婚啓事，她看到「我倆情投意合，永結同心……」時氣得把報紙撕的粉碎！她算算日期這天正好是他們三個月期限屆滿之後的第一天，她咬着牙狠狠地罵了他兩句：

「混賬東西！這樣薄倖！」

隨後她又用脚把報紙踏得稀爛。她正想衝出去時恰巧碰着一個人送信來，幾乎和她撞了個滿懷，那人隨手遞給她一封信，問清楚是她本人之後就走了，她一接過來就連忙撕開，一看正是胡野禪的親筆：

信和字條我統統看到，因為最近碰見一位我以前的老友，她正文君新寡，所以我想和她結婚

她看完之後把信和鈔票都撕得粉碎，她衝到自己的房裡伏在床上痛哭！她本想在他舉行婚禮時跑到禮堂去打個稀爛，但這樣做一定會鬧到警察局去，而且影響自己的名譽，她和他又沒有一點法律根據，鬧出來是非常不利的，說不定朋友們和老孫還會笑話？因此她把這口氣硬忍住了。她狠狠地撕扯着自己的頭髮，像要把自己撕個粉碎似的。

第二十七章

她悄悄地走進一家私立婦產科醫院，她要求醫生爲她打胎。

「妳有幾個孩子？」醫生問她。

「五個。」她扯謊。

「幾男幾女？」

「三男二女。」

「[redacted]幾個月了？」

「兩個多月。」

「孩子的爸爸是幹什麼的？」

「他是個拆白黨！」

本省醫生沒有聽懂她最後這句話，[redacted]不想再問下去。[redacted]這種手術是不合法的，爲了錢他們才做[redacted]，張嫱繳了一筆手術費之後就讓她走進一個小房間裡去了。

化了[redacted]個多鐘點才[redacted]一塊塊地取出來，但她自己却受到嚴重的損傷，當天不能出院，醫生派人通知老太太說有這麼一回事，恰巧淑嫻和他丈夫來T市渡蜜月，正在家裡和老太太寒暄，一聽說這件事她和老太太[redacted]，兩人連忙趕到醫院來。

張嫱一看見淑嫻和老太太進來眼淚就不住地流，老太太十分躭心地問她：

「怎樣了？該不要緊吧？」

「大概死不了！我的罪還沒有受够。」她含着淚說。

「我早就知道胡[redacted]不是個好人！」淑嫻憤憤地說。

「我也早說他不是個好東西！」老太太馬上接腔。

「媽，大姐，這也要怪我自己！」她自譴地說。

「我看妳還是回到孫那邊去吧？他是隨時都[redacted]歡迎妳的。」淑嫻說。上次張嬙走後孫還特別向淑嫻這樣表示過。

「不！」她搖搖頭說：「我沒有臉見他。」

「妳這樣下去總不是辦法？」淑嫻關切地說。

「是呀！」老太太馬上附和。

「媽，大姐，妳們別再管我，讓我自作自受吧！」

話一說完她就車頭去嚶嚶地哭了起來。

寰 讀

場，他在「政壹總」時曾在「新生報」發表一篇散文「台北居大不易」（擬作）（二大公）（諸政治部），我是寫我們之的生活狀況，他時任政戰總團營報參寰當查工作，恰國防承辦人是我的舊屬，他的頂上司陶滌亞將軍又是我的老長官，結果「歸檔」，還將我從全國衛時史政單位調到他的單位主[redacted]辦單中類似業務，他知道我原是正式軍官又受過新聞專業教育，這樣我反而因禍得福，結果（不久）去世，身後凄涼，我已八十晉八，仍能健康寫作不懈，且經老人健康檢查，榮民總醫院驗血檢查無任何疾病，我何德何能？此天佑我也。

陷害我的「紅兒」

他們知我甚深

二〇〇七年丁亥正月元宵次日中午於北投

二〇一〇年庚寅已九十歲，且自知來日方短，於紅塵寄廬

墨人博士著作書目（校正版）

書目	類別	出版者	出版時間
一、自由的火焰 與《山之禮讚》合併	詩集	自印（左營）	民國三十九年（一九五〇）
二、哀祖國 易名《墨人新詩集》	詩集	大江出版社（臺北）	民國四十一年（一九五二）
三、最後的選擇	短篇小說	百成書店（高雄）	民國四十二年（一九五三）
四、閃爍的星辰	長篇小說	大業書店（高雄）	民國四十二年（一九五三）
五、黑森林	長篇小說	香港亞洲社	民國四十四年（一九五五）
六、魔障	長篇小說	暢流半月刊（臺北）	民國四十七年（一九五八）
七、孤島長虹（全集中易名爲富國島）	長篇小說	文壇社（臺北）	民國四十八年（一九五九）
八、古樹春藤	中篇小說	九龍東方社	民國五十一年（一九六二）
九、花嫁	短篇小說	九龍東方社	民國五十三年（一九六四）
一〇、水仙花	短篇小說	長城出版社（高雄）	民國五十三年（一九六四）
一一、白夢蘭	短篇小說	長城出版社（高雄）	民國五十三年（一九六四）
一二、颱風之夜	短篇小說	長城出版社（高雄）	民國五十三年（一九六四）

一三、白雪青山	長篇小說	長城出版社（高雄）	民國五十四年（一九六五）
一四、春梅小史	長篇小說	長城出版社（高雄）	民國五十四年（一九六五）
一五、洛陽花似錦	長篇小說	長城出版社（高雄）	民國五十四年（一九六五）
一六、東風無力百花殘	長篇小說	長城出版社（高雄）	民國五十四年（一九六五）
一七、合家歡	長篇小說	臺灣省新聞處（臺中）	民國五十四年（一九六五）
一八、紅樓夢的寫作技巧	文學理論	臺灣商務印書館（臺北）	民國五十五年（一九六六）
一九、塞外	短篇小說	臺灣商務印書館（臺北）	民國五十五年（一九六六）
二〇、碎心記	長篇小說	小說創作社（臺北）	民國五十六年（一九六七）
二一、靈姑	長篇小說	小說創作社（臺北）	民國五十七年（一九六八）
二二、鱗爪集	散　文	水牛出版社（臺北）	民國五十七年（一九六八）
二三、青雲路	短篇小說	臺灣商務印書館（臺北）	民國五十八年（一九六九）
二四、變性記	短篇小說	臺灣商務印書館（臺北）	民國五十八年（一九六九）
二五、龍鳳傳	長篇小說	幼獅書店（臺北）	民國五十九年（一九七〇）
二六、火樹銀花	長篇小說	立志出版社（臺北）	民國五十九年（一九七〇）
二七、浮生集	散　文	聞道出版社（臺南）	民國六十一年（一九七二）
二八、墨人詩選	詩　集	臺灣中華書局（臺北）	民國六十一年（一九七二）
二九、鳳凰谷	長篇小說	臺灣中華書局（臺北）	民國六十一年（一九七二）

三〇、墨人短篇小說選　短篇小說　臺灣中華書局（臺北）　民國六十一年（一九七二）
三一、斷腸人　短篇小說　臺灣學生書局（臺北）　民國六十一年（一九七二）
三二、詩人革命家胡漢民傳　傳記小說　近代中國社（臺北）　民國六十七年（一九七八）
三三、心猿　長篇小說　學人文化公司（臺北）　民國六十八年（一九七九）
三四、山之禮讚　詩　集　秋水詩刊（臺北）　民國六十九年（一九八〇）
三五、心在山林　散　文　中華日報社（臺北）　民國六十九年（一九八〇）
三六、墨人散文集　散　文　學人文化公司（臺中）　民國六十九年（一九八〇）
三七、山中人語　散　文　臺灣商務印書館（臺北）　民國七十二年（一九八三）
三八、花市　散　文　江山出版社（臺北）　民國七十四年（一九八五）
三九、三更燈火五更雞　散　文　江山出版社（臺北）　民國七十四年（一九八五）
四〇、墨人絕律詩集　詩　集　臺灣商務印書館（臺北）　民國七十六年（一九八七）
四一、全唐詩尋幽探微　文學理論　臺灣商務印書館（臺北）　民國七十六年（一九八七）
四二、第二春　短篇小說　釆風出版社（臺北）　民國七十七年（一九八八）
四三、全唐宋詞尋幽探微　文學理論　臺灣商務印書館（臺北）　民國七十八年（一九八九）
四四、小園昨夜又東風　散　文　黎明文化公司（臺北）　民國八　十年（一九九一）
四五、紅塵（上、中、下三卷）　長篇小說　臺灣新生報社（臺北）　民國八　十年（一九九一）
四六、大陸文學之旅　散　文　文史哲出版社（臺北）　民國八十一年（一九九二）

四七、紅塵續集	長篇小說	臺灣新生報社（臺北）	民國八十二年（一九九三）
四八、墨人半世紀詩選	詩　選	文史哲出版社（臺北）	民國八十四年（一九九五）
四九、張本紅樓夢（上下兩巨冊）	修訂批註	湖南出版社（長沙）	民國八十五年（一九九六）
五〇、紅塵心語	散　文	圓明出版社（臺北）	民國八十五年（一九九六）
五一、年年作客伴寒窗	散　文	中天出版社（臺北）	民國八十六年（一九九七）
五二、全宋詩尋幽探微	文學理論	文史哲出版社（臺北）	民國八十九年（二〇〇〇）
五三、墨人詩詞詩話	詩詞・理論	詩藝文出版社（臺北）	民國八十九年（二〇〇〇）
五四、娑婆世界（定本）	長篇小說	昭明出版社（臺北）	民國八十八年（一九九九）
五五、白雪青山（定本）	長篇小說	昭明出版社（臺北）	民國八十九年（二〇〇〇）
五六、滾滾長江（定本）	長篇小說	昭明出版社（臺北）	民國八十九年（二〇〇〇）
五七、春梅小史（定本）	長篇小說	昭明出版社（臺北）	民國八十九年（二〇〇〇）
五八、紫燕（定本）	長篇小說	昭明出版社（臺北）	民國九　十年（二〇〇一）
五九、紅樓夢的寫作技巧（定本）	文學理論	昭明出版社（臺北）	民國九　十年（二〇〇一）
六〇、紅塵六卷（定本）	長篇小說	昭明出版社（臺北）	民國九　十年（二〇〇一）
六一、紅塵法文本	巴黎友豐（you fonq）書局出版		二〇〇四年初版

附　註：

▲北京中國文聯出版社　二〇〇三年出版　大陸教授羅龍炎・王雅清合著《紅塵》論專書

▲臺北市昭明出版社出版墨人一系列代表作，長篇小說《娑婆世界》、一百九十多萬字的空前大長篇《紅塵》（中法文本共出五版）暨《白雪青山》（兩岸共出六版）、《滾滾長紅》、《春梅小史》、《紫燕》，短篇小說集、文學理論《紅樓夢的寫作技巧》（兩岸共出十四版）等書。臺灣中華書局出版的《墨人自選集》共五大冊，收入長篇小說《白雪青山》、《靈姑》、《鳳凰谷》、《江水悠悠》（爲《東風無力百花殘》易名）、《短篇小說・詩選》合集。《哀祖國》及《合家歡》皆由高雄大業書店再版。臺北詩藝文出版社出版的《墨人詩詞詩話》創作理論兼備，爲「五四」以來詩人、作家所未有者。

▲臺灣商務印書館於民國七十三年七月出版先留英後留美哲學博士程石泉、宋瑞等數十人的評論專集《論墨人及其作品》上、下兩冊。

▲《白雪青山》於民國七十八年（一九八九）由臺北大地出版社第三版。

▲臺北中國詩歌藝術學會於一九九五年五月出版《十三家論文》論《墨人半世紀詩選》。

▲《紅塵》於民國七十九年（一九九〇）五月由大陸黃河文化出版社出版前五十四章（香港登記，深圳市印行）。大陸因未有書號未公開發行僅供墨人「大陸文學之旅」時與會作家座談時參考。

▲北京中國文聯出版公司於一九九二年十二月出版長篇小說《春梅小史》（易名《也無風雨也無晴》）；一九九三年四月出版《紅樓夢的寫作技巧》。

▲北京中國社會科學出版社於一九九四年出版散文集《浮生小趣》。

▲北京群眾出版社於一九九五年一月出版散文集《小園昨夜又東風》；一九九五年十月京華出版社出

版長篇小說《白雪青山》大陸版，第一版三千冊，一九九七年八月再版一萬冊。

▲長沙湖南出版社於一九九六年一月初出版墨人費時十多年精心修訂批註的《張本紅樓夢》，分上下兩大冊精裝一萬一千套。立即銷完、因未經墨人親校，難免疏失，墨人未同意再版。

Mo Jen's Works

1950 *The Flames of Freedom*（poems）《自由的火焰》

1952 *Lament for My Mother Country*（poems）《哀祖國》

1953 *Glittering Stars*（novel）《閃爍的星辰》

The Last Choice（short stories）《最後的選擇》

1955 *Black Forest*（novel）《黑森林》

The Hindrance（novel）《魔障》

The Rainbow and An Isolated Island（novel）《孤島長虹》（全集中易名爲富國島）

1963 *The spring Ivy and Old Tree*（novelette）《古樹春藤》

1964 *Narcissus*（novelette）《水仙花》

A Typhonic Night（novelette）《颱風之夜》

Ms.Pei Mong-lan（novelette）《白夢蘭》

The Joy of the Whole Family（novel）《合家歡》

Flower Marriage（novelette）《花嫁》

1965 *White Snow and Green Mountain*（novel）《白雪青山》

The Short Story of Miss Chung Mei（novel）《春梅小史》

The Powerless Spring Breeze and Faded Flowers（novel）《東風無力百花殘》(《江水悠悠》)

Flower Blossom in Loyang（novel）《洛陽花似錦》

1966 *The Writing Technique of the Dream of Red Chamber*（literature theory）《紅樓夢的寫作技巧》

Out of The Wild Frontier（novelette）《塞外》

1967 *A Heart-broken Story*（novel）《碎心記》

1968 *Miss Clever*（novel）《靈姑》

Trifle（prose）《鱗爪集》

1969 *The Road to Promotion*（novelette）《青雲路》

1970 *A Sex-change Story*（novelette）《變性記》

The Biography of the Dragon and the Phoenix（novel）《龍鳳傳》

1971 *A Brilliantly lighted Garden*（novel）《火樹銀花》

1972 *My Floating Life*（prose）《浮生記》

Selection of Mo Jen's Poems《墨人詩選》

A Heart-broken Woman（novelette）《斷腸人》

Phoenix Valley（novel）《鳳凰谷》

Mo Jen's Works（five volumes）《墨人自選集》

Selection of Mo Jen's short stores《墨人短篇小說選》

1978 *Hu Han-ming, the Poet and Revolutionist*（novel）《詩人革命家胡漢民》

1979 *The Mokey in the Heart*（i.e. The Purple Swallow renamed）《心猿》

1980 *The Hermit*（prose）《心在山林》

A Collection of Mo Jen's Prose（prose）《墨人散文集》

A Praise to Mountains（poems）《山之禮讚》

1983 *Mountaineer's Remarks*（prose）《山中人語》

1985 *My Candle Burns at Both Ends*（prose）《三更燈火五更雞》

Flower Market（prose）《花市》

1986 *A Mundane World*（novel, four volumes, over 1.9 million words）《紅塵》

1987 *Remarks on All Poems of the Tang Dynasty*（theory）《全唐詩尋幽探微》

1988 *Remarks On All Tsyr*（prose poem）*of the Tang and Sung Dynasties*（theory）《全唐宋詞尋幽探微》

1991 *The Breeze That Came From The East Last Night in My Little garden Again*（prose）《小園昨夜又東風》

1992 *Travel for Literature in Mainland China*（prose）《大陸文學之旅》

1995 *Selection of Mo Jen's Poems, 1992-1994*《墨人半世紀詩選》

1996 *I'll look upon the World*《紅塵心語》

Chang Edition of the Dream of Red Chamber《張本紅樓夢》（修訂批註）

1997 *Cherish thy guests and the Muses*《年年作伴寒窗》

1999 *Saha Shih Gai*《娑婆世界》

1999 *Remarks on All Poems of the sung Dynasties*《全宋詩尋幽探尋》

1999 *Mo Jen's Classical Poems and Prose Poems*《墨人詩詞詩話》

2004 *Poussiere Rouge*《紅塵》法文譯本

墨人博士創作年表（二〇〇五年增訂）

年度	年齡	發表出版作品及重要文學紀錄摘要
民國二十八年己卯（一九三九）	十九歲	在東南戰區《前線日報》發表〈臨川新貌〉。淪陷區著名的上海《大美晚報》隨即轉載。
民國二十九年庚辰（一九四〇）	二十歲	在《前線日報》發表〈希望〉、〈路〉等新詩作品。
民國三十年辛巳（一九四一）	二十一歲	在《前線日報》發表〈評夏伯陽〉書評等文。
民國三十一年壬午（一九四二）	二十二歲	在各大報發表〈苦難的行列〉、〈贛州禮讚〉（長詩）、〈老船夫〉、〈盲歌者〉、〈自己的輓歌〉、〈抹去那怯弱的眼淚吧〉、〈生命之歌〉、〈快割鳥〉、〈鷂鷹與雲雀〉等詩及散文多篇。
民國三十二年癸未（一九四三）	二十三歲	在各大報發表長詩〈鋤奸隊長〉、〈搜索連長〉、〈遙寄〉、〈寫在第七個七七〉、〈父親〉、〈受難的女神〉、〈城市的夜〉及〈火把〉、〈擊柝者〉、〈橋〉、〈古鐘〉、〈汽笛〉、〈山居〉、〈沙灘〉、〈夜行者〉、〈孤芳〉、〈蚊蟲〉、〈蒼蠅〉、〈園圃〉、〈陽光〉、〈深秋〉、〈贈某詩人兼寫自己〉、〈哀亡命詩人〉、〈自供〉、〈白屋詩抄〉、〈哀歌〉、〈生活〉、〈給偶像崇拜者〉、〈戰書〉、〈燈下獨白〉、〈夜歸〉、〈失眠之夜〉、〈悼〉、〈殘英〉、〈黃昏曲〉、〈補綴〉、〈復活的季節〉、〈擬戀歌〉、〈晨雀〉、〈春耕〉、〈天空的搏鬥〉等長短抒情詩。另發表散文及短篇小說多篇。

民國三十三年甲申（一九三九）	二十四歲	發表〈山城草〉五首及〈沒有褲子穿的女人〉、〈襤褸的孩子〉、〈駝鈴〉、〈無聲的哭泣〉、〈長夜草〉、〈春夜〉、〈擬某女演員〉、〈蛙聲〉、〈麥笛〉等詩及散文多篇。
民國三十四年乙酉（一九四五）	二十五歲	發表〈最後的勝利〉及〈煉獄裏的聲音〉、〈神女〉、〈問〉等長詩與散文多篇。
民國三十五年丙戌（一九四六）	二十六歲	發表〈夢〉、〈春天不在這裡〉等詩及散文多篇。
民國三十六年丁亥（一九四七）	二十七歲	發表〈冬天的歌〉、〈流浪者之歌〉、〈手杖、煙斗〉及長詩〈上海抒情〉等與散文多篇。
民國三十七年戊子（一九四八）	二十八歲	主編軍中雜誌、撰寫時論，均不署名。
民國三十八年己丑（一九四九）	二十九歲	七月渡海抵臺，發表〈呈獻〉、〈滿妹〉，及長詩〈自由的火燄〉、〈人類的宣言〉等及散文多篇。
民國三十九年庚寅（一九五〇）	三十歲	發表〈站起來，捏死他！〉、〈滾出去，馬立克！〉、〈英國人〉、〈海洋頌〉等詩。出版《自由的火燄》詩集。
民國四十年辛卯（一九五一）	三十一歲	發表〈春晨獨步〉、〈炫與殉〉、〈悼三閭大夫屈原〉、〈詩聯隊〉、〈心靈之歌〉、〈子夜獨唱〉、〈真理、愛情〉、〈友情的花朵〉、〈啊，西風啊！〉、〈歲暮吟〉、〈師生〉、〈往事〉、〈天書〉、〈歷程〉、〈雨天〉、〈火車飛馳在海岸湶上〉、〈帶路者〉、〈送第一艦隊出征〉等詩，及〈哀祖國〉長詩。
民國四十一年壬辰（一九五二）	三十二歲	發表〈未完成的想像〉、〈廊上吟〉、〈窗下吟〉、〈白髮吟〉、〈秋夜輕吟〉、〈秋訊〉、〈渴念，追求〉、〈寂寞、孤獨〉、〈冬眠〉、〈我想把你忘記〉、〈想念〉、〈成人的悲歌〉、〈訴〉、〈詩人〉、〈詩〉、〈貝絲〉、「春天的懷念」五首，〈和風〉、〈夜雨〉、〈臺灣海峽的霧〉等及散文、短篇小說多篇。出版《哀祖國》詩集。

民國四十二年癸巳（一九五三）	三十三歲	發表〈寄台北詩人〉等詩及散文短篇小說多篇。 高雄百成書店出版短篇小說集《最後的選擇，收入〈華玲〉、〈生死戀〉、〈梅蘭馨〉、〈敵人的故事〉、〈最後的選擇》、〈蔣復成〉、〈姚醫生〉等七篇。 大業書店出版長篇小說《閃爍的星晨》一、二兩冊。
民國四十三年甲午（一九五四）	三十四歲	發表〈雪萊〉、〈海鷗〉、〈鳳凰木〉、〈流螢〉、〈鵝鸞鼻〉、〈海邊的城〉、〈長夏小唱〉及散文、短篇小說多篇。
民國四十四年乙未（一九五五）	三十五歲	發表〈雲〉、〈F-86〉、〈題 GK〉等詩及散文、短篇小說多篇。 香港亞洲出版社出版長篇小說《黑森林》，並獲中華文獎會國父誕辰長篇小說第二獎（第一獎從缺）。
民國四十五年丙申（一九五六）	三十六歲	發表〈四月〉等詩及散文、短篇小說多篇。
民國四十六年丁酉（一九五七）	三十七歲	發表〈月亮〉、〈九月之旅〉、〈雨和花〉等詩及長篇小說《魔障》。
民國四十七年戊戌（一九五八）	三十八歲	暢流半月刊雜誌社出版長篇連載小說《魔障》。
民國四十八年己亥（一九五九）	三十九歲	發表短篇小說、散文多篇。 文壇雜誌社出版長篇小說《孤島長虹》（全集中易名爲《富國島》）。
民國四十九年庚子（一九六〇）	四　十　歲	發表〈橫貫小唱〉等詩及散文、短篇小說多篇。
民國五十年辛丑（一九六一）	四十一歲	發表〈熱帶魚〉、〈豎琴〉、〈水仙〉等詩及短篇小說甚多。 奧國維也納納富出版公司編選的《世界最佳小說選》選入短篇說〈馬腳〉，同時入選者有諾貝爾文學獎得主威廉福克納、拉革克菲斯特等世界各國名作家作品。

民國五十一年壬寅（一九六二）	四十二歲	發表〈青鳥〉、〈兩腳獸〉、〈晚會〉、〈祈禱〉等詩及短篇小說甚多。奧國維也納納富出版公司又將短篇小說《小黃》（以江州司馬筆名撰寫者）選入《世界最佳小說選》，同時入選者有諾貝爾獎得主蕭洛霍夫，郭沫若及世界各國名作家作品。
民國五十二年癸卯（一九六三）	四十三歲	香港九龍東方文學出版社出版中篇小說《古樹春藤》。發表短篇小說、散文甚多。
民國五十三年甲辰（一九六四）	四十四歲	香港九龍東方文學社出版短篇小說集《花嫁》，收入〈教師爺〉、〈劉二爹〉、〈二媽〉、〈異鄉人〉、〈花嫁〉、〈扶桑花〉、〈南海屠鮫〉、〈高山曲〉、〈古寺心聲〉、〈誘惑〉、〈隱情〉、〈美珠〉、〈新苗〉、〈心聲淚影〉等十四篇。高雄長城出版社出版中短篇小說集《水仙花》，收入〈水仙花〉、〈銀杏表嫂〉、〈圓房記〉、〈江湖兒女〉、〈天鵝〉、〈賭徒〉、〈搶親〉、〈黃龍〉、〈風雪歸人〉、〈花子老趙〉、〈景雲寺的居士〉、〈人與樹〉、〈過客〉、〈阿婆〉、〈馬腳〉、〈小黃〉等十六篇。高雄長城出版社出版中短篇小說集《白夢蘭》。收入〈情敵〉、〈空手〉、〈師生〉、〈斷夢〉、〈黃昏曲〉、〈白夢蘭〉、〈平安夜〉、〈凱塞琳、萊蒙托夫與我〉、〈陽春白雪〉、〈亂世佳人〉、〈傷心之旅〉、〈白衣清淚〉、〈護士與病人〉、〈如夢記〉、〈除夕〉等十五篇。　高雄長城出版社出版《中華日報》連載的二十五萬字長篇小說《白雪青山》。　發表短篇小說、散文甚多。
民國五十四年乙巳（一九六五）	四十五歲	高雄長城出版社出版連載長篇小說《洛陽花似錦》、《春梅小史》、《東風無力百花殘》三部。　發表短篇小說、散文甚多。省政府新聞處出版長篇小說《合家歡》。
民國五十五年丙午（一九六六）	四十六歲	是年五月赴馬尼拉華僑文教講習會講授「紅樓夢的寫作技巧」及新詩課程一個月。商務印書館出版文學理論專著《紅樓夢的寫作技巧》，全書共十五萬字。商務印書館出版中短篇小說集《塞外》。收入〈塞外〉、〈鬍子〉、〈百合花〉、〈天山風雲〉、〈白金龍〉、〈白狼〉、〈秋圃紫鵑〉、〈曹萬秋的衣缽〉、〈半路夫妻〉、〈百鳥聲喧〉、〈風竹與野馬〉、〈美人計〉、〈夜襲〉、〈花燭劫〉等十四篇。

民國五十六年丁未（一九六七）	四十七歲	發表短篇小說、散文甚多。小說創作社出版連載長篇小說《碎心記》。
民國五十七年戊申（一九六八）	四十八歲	小說創作社出版《中華日報》連載長篇小說《靈姑》。水牛出版社出版散文集《鱗爪集》，收入〈家鄉的魚〉、〈家鄉的鳥〉、〈雪天的懷念〉、〈秋山紅葉〉、〈學問與創作之間〉等散文七十六篇、舊詩三首。
民國五十八年己酉（一九六九）	四十九歲	商務印書館出版中短篇小說集《青雲路》。收入〈世家子弟〉、〈青雲路〉、〈空棺記〉、〈久香〉等四篇。
民國五十九年庚戌（一九七〇）	五十歲	商務印書館出版中短篇小說集《變性記》。收入〈變性記〉、〈婿客〉、〈歲寒圖〉、〈泥龍〉、〈祖孫父子〉、〈秋風落葉〉、〈老夫老妻〉、〈恩愛夫妻〉、〈布販與偷雞賊〉、〈芳鄰〉、〈沙漠王子〉、〈沙漠之狼〉、〈世界通先生〉、〈寶珠的祕密〉、〈奇緣〉等十五篇。幼獅文化事業公司出版長篇小說《龍鳳傳》。臺北立志出版社出版長篇《火樹銀花》出版全集時易名《同是天涯淪落人》。
民國六十年辛亥（一九七一）	五十一歲	立志出版社出版長篇小說《火樹銀花》。發表散文多篇及在高雄《新聞報》連載長篇小說《紫燕》。
民國六十一年壬子（一九七二）	五十二歲	聞道出版社出版散文集《浮生集》。收入〈文藝的危機〉、〈貝克特高風〉、〈五十年華〉等散文十三篇，舊詩六首。學生書局出版短篇小說散文合集《斷腸人》。收入短篇小說〈斷腸人〉、〈薇薇〉、〈相見歡〉、〈滄桑記〉、〈恩怨〉、〈夜宴〉等七篇及散文〈文學系與文學創作〉、〈大學國文教學我見〉、〈作家之死〉等十五篇。　中華書局出版《墨人自選集》五大冊。包括長篇小說《白雪青山》、《靈姑》、《鳳凰谷》、《江水悠悠》（《東風無力百花殘》易名）及《短篇小說、詩選》（精選短篇小說二十八篇，抒情詩一〇六首），共一百五十萬字。
民國六十二年癸丑（一九七三）	五十三歲	發表散文多篇。列入英國劍橋國際傳記中心（International Biographical Centre Cambridge England）出版的《國際詩人名錄》（*International Who's Who in Poetry. 1973*）。

民國六十三年甲寅（一九七四）	五十四歲	出席第二屆世界詩人大會。 發表散文多篇。
民國六十四年乙卯（一九七五）	五十五歲	列入正中書局出版的《中華民國文藝史》（1975）。發表〈臺北的黃昏〉新詩一首及散文多篇。
民國六十五年丙辰（一九七六）	五十六歲	列入英國劍橋國際傳記中心出版的 *Men of Achievement. 1976* 發表〈歷史的會晤〉新詩及散文、短篇小說多篇。
民國六十六年丁巳（一九七七）	五十七歲	應 I.B.C 邀請於三月間赴義大利翡冷翠出席國際文藝交流大會（The 3rd I.B.C. International Congress on Arts and Communications）。會後環遊世界。發表〈羅馬之雲〉、〈羅馬之松〉、〈翡冷翠的女郎〉、〈翡冷翠之柳〉、〈塞納河〉等詩及羅馬掠影」、〈單城記〉、〈威尼斯之旅〉、〈藝術之都翡冷翠〉、〈西雅奈與比薩斜塔〉、〈美國行〉、〈江戶、皇宮、御苑〉、〈環球心影〉等遊記。 在《中國時報》發表有關中國文化論文〈中國文化的三條根〉，在《新生報》發表〈文藝界的『洋』瘋癲〉等多篇。
民國六十七年戊午（一九七八）	五十八歲	近代中國社出版長篇傳記小說《詩人革命胡漢民傳》。 列入英國劍橋國際傳記中心出版的《國際名人辭典》（*Dictionary of International Biography. 1978*）。《國際知識分子名錄》*International Who's Who of Intellectual. 1978*、《國際人名剪影》 *International Register of Profiles*）、《國際社會名人錄》（*International Who's Who in Community Service*），發表〈六月之荷〉詩一首。 在各報發表〈中國文化的宇宙觀〉、〈中國文化的真面目〉、〈文化、社會形態與當代文學創作（爲亞洲文學會議而作）〉、〈人與宇宙自然法則〉等。 出席亞洲文學會議。　列入中華書局出版的《中華民國當代名人錄》（*Who's Who of R.O.C. 1978*）　列入行政院新聞局編印的一九七八年英文《中華民國年鑑名人錄》（*China Yearbook Who's Who*）。

民國六十八年己未（一九七九）	五十九歲	學人文化事業有限公司出版長篇小說《心猿》（《紫燕》易名）。發表短篇小說〈春〉、〈杏林之春〉、長詩〈哀吉米・卡特〉及〈山之禮讚〉五首。短篇〈客從故鄉來〉、〈人瑞〉。理論〈中國古典小說戲劇〉、〈抗戰文學的整理與再創作〉（《中央日報》）等多篇。
民國六十九年庚申（一九八〇）	六十歲	秋水詩刊社出版詩集《山之禮讚》、收集六十四年以後新詩四十四首及七言絕律詩十首。　中華日報社出版散文集《心在山林》、收集〈花甲雲中過〉、〈老當益壯〉、及抒情寫景散文數十篇。臺中學人文化事業出 版有限公司出版《墨人散文集》收集〈文化、社會形態與當代文學創作〉、〈人與宇宙自然法則〉、〈中國文化的三條根〉、〈宇宙爲心人爲本〉、〈文藝界的『洋』瘋癲〉等理論性散文數十篇。在《中央日報・副刊》發表〈紅樓夢研究的正確方向〉，《中華日報・副刊》發表〈人生六十樹常青〉，《青年戰士報・新文藝副刊》發表〈山中人語〉專欄文章〈山水之間〉、〈生命長短價値觀〉、〈寶刀未老〉、〈七進七出鬼門關〉、〈報人甘苦〉、〈杏壇生涯〉等。 接受《大華晚報》採訪組副主任程榕寧兩次訪問，一爲談胡漢民生平，一爲談《易經》、《道德經》、命學，並發表〈醫學命學與人生〉專文。
民國七十年辛酉（一九八一）	六十一歲	繼續撰寫《山中人語》專欄。 應臺中市《自由日報》特約撰寫《浮生小記》專欄。 應行政院新聞局邀請參觀本省農漁畜牧事業單位，並在《中央日報》發表〈人在福中〉散文。 接受臺灣廣播公司《成功之路》節目訪問，於四月廿七日晚八時半播出。 在高雄《新聞報》發表〈撥亂反正說紅樓〉（六月十七、十八日）論文。
民國七十一年壬戌（一九八二）	六十二歲	九月赴漢城出席第二屆中韓作家會議，並在東京參加中日作家會議，曾暢遊南韓、北海道、大阪至東京名勝地區，歸後撰寫〈韓國掠影〉、〈秋遊北海道〉，發表於《中央日報》。 列入中華民國名人傳記中心出版的《中華民國現代名人錄》。

		列入英國劍橋國際傳記中心出版的《傑出男女傳記》（*Men and Women of Distinction*）並附照片。 列入美國 MarQuis 公司出版的《世界名人錄》（*Who's Who in the World*）第六版。 接受義大利藝術大學授予的文學功績證書。
民國七十二年癸亥（一九八三）	六十三歲	商務印書館出版散文集《山中人語》，收集散文七十篇。
民國七十三年甲子（一九八四）	六十四歲	商務印書館出版《論墨人及其作品》上、下兩冊，包括評論文章六十餘篇。 列入義大利 Accademia Itlia 出版英、法、德、義四種文字的《國際文學史》（*The History of International Literature*）及《百科全書：當代人物（*The Encyclopadeia: Contemporary Personalities*）。 端午節（六月四日）開筆撰寫已構思準備十餘年的一百餘萬字的大長篇小說《紅塵》，年底完成初稿四十餘萬字。 十月在韓國漢城舉行的第四屆中韓作家會議，事忙未能出席，但提出一萬餘字的論文〈古典與現代〉一篇。
民國七十四年乙丑（一九八五）	六十五歲	由江山出版社出版《三更燈火五更雞》、《花市》散文集等兩本，前者收入散文，理論二十四篇，後者收入散文遊記二十七篇。 八月一日退休，專心寫作《紅塵》，於十二月底完成九十二章，告一段落，共一百二十萬字，超出《紅樓夢》十餘萬字，內有絕律詩（聯）三十一首。
民國七十五年丙寅（一九八六）	六十六歲	年初開始研讀《全唐詩》，撰寫《全唐詩尋幽探微》，十一月完成，共十二萬餘字，一面在《新聞報・西子灣》發表，並連同歷年所作絕律詩三十七首，定名爲《墨人絕律詩集》，一併交與臺灣商務印書館簽約出版。 列入美國 A.B.I.出版的 5000 Personalities of the World；英國 I.B.C.出版的 *The International Authors and Writers Who's Who.*

民國七十六年丁卯（一九八七）	六十七歲	訪問考察東南亞地區、國家馬來西亞、新加坡、泰國、菲律賓、香港十七天，並出席多次座談會。 商務印書館出版《全唐詩尋幽探微》（附《墨人絕律詩集》）。 《紅塵》長篇小說於三月五日開始在（臺灣新生報）連載。 七月四、五日出席在臺北市召開的抗戰文學研討會。 八月一日出席在高雄市召開的第七屆中韓作家會議。
民國七十七年戊辰（一九八八）	六十八歲	元月二日完成《全唐宋詞尋幽探微》（附《墨人詩餘》）全書十六萬字。設於美國深受世界尊重的「國際大學基金會」（The Marguis Giuseppe Scicluna 1855-1907 Intemarional University Foundation）（Founded 1973）授予榮譽文學博士學位。
民國七十八年己巳（一九八九）	六十九歲	臺灣商務印書館出版《全唐宋詞尋幽探微》。 臺北大地出版社三版長篇小說《白雪青山》。 世界大學（World University）授予榮譽文學博士學位。
民國七十九年庚午（一九九〇）	七十歲	五月應大陸黃河文化實業公司邀請，作四十天文學之旅，與北京、上海、杭州、九江、武漢、西安、蘭州等地作家座談中華文化、文學創作，坦誠交換意見，獲得一致共識、真摯友情與尊敬，廣州電視臺並全程錄影，製作專輯播出，六月底返臺後即撰寫《大陸文學之旅》專著。 艾因斯坦國際學院基金會（Albert Einstein 1879-1955 Intemational Academy Foundation）授予榮譽人文學博士學位。 榮列英國劍橋國際傳記中心出版的 IBC Book of Dedications.占全書篇幅五頁，刊登照片五張，介紹五十年創作生涯，十分翔實，篇幅之大，爲全書冠，並禮聘爲 IBC 副總裁。
民國八十年辛未（一九九一）	七十一歲	二月底新生報出版《紅塵》，二十五開本，上、中、下三鉅冊。黎明文化事業公司出版《小園昨夜又東風》散文集。 應香港廣大學院禮聘爲中國文學研究所客座指導教授。 《紅塵》榮獲新聞局著作金鼎獎及嘉新優良著作獎。

民國八十一年壬申（一九九二）	民國八十二年癸酉（一九九三）
七十二歲	七十三歲
文史哲出版社出版《大陸文學之旅》。 應聘香港廣大學院中研所客座指導教授。 一月五日開筆寫《紅塵續集》，自九十三章起至一百二十章止，共四十萬字，六月十日完稿，《紅塵》全書共一百九十萬字。續集自十二月一日開始在《臺灣新生報・副刊》連載近年，雙破長篇鉅著及連載紀錄。中國廣播公司《中廣小說選播》節目，亦於十二月一日十四時三十分，在AM657千赫第一廣播網開始播出長篇鉅著《紅塵》上、中、下三冊，由戴愛華小姐導播，集該公司播音精英，通力合作，龍老夫人一角由播音元老白銀飾演，其餘人物均爲一時之選，效果奇佳，前所未有。　北京「中國文聯出版公司」出版《也無風雨也無晴》。 墨人故鄉九江《師專學報》，於本年起開闢《墨人研究》專欄，與《陶淵明研究》、《黃山谷研究》，並稱三大專欄，甚受教育、學術界重視。	十月下旬，偕《秋水》詩刊同仁涂靜怡、雪柔、麥穗、汪洋萍、風信子、林蔚穎等爲慶祝《秋水》創刊二十周年，訪問哈爾濱、北京、西安三大都市，與當地詩人座談交流，水乳交融，兩岸詩人因而建立深厚友誼。十一月初，隻身訪問昆明、探親，昆明作協主席曉雪、八十多歲老作家李喬、小說家張昆華、《春城晚報》副總編輯熊廷武、副刊主編原因、理論家教授余斌、作家湯世傑、李錦華等集會歡迎，其中多爲白族、彝族等少數民族作家，乃以雲南少數民族文化資源努力創作相勉，深獲共鳴。資深作家彭荆風，晚間並來下榻處暢談。 繼續應聘香港廣大學院中研所客座指導教授三年。 十二月新生報社出版《紅塵續集》，全書共四大冊，其實前後一貫，爲一整體，該報爲方便，乃以《續集》名之。一生心願心血得以完成，在輕、薄、短、小及商品文學獨占市場情況下，亦一大異數。北京「中國文聯出版公司出版《紅樓夢的寫作技巧》。

民國八十三年甲戌（一九九四）	七十四歲	一月開始研讀自北京購回的《全宋詩》，擬續寫《全宋詩尋幽探微》。 四月十一日接受臺北復興廣播電臺《名人專訪》節目主持人裴雯小姐訪問：談一生寫作歷程及大長篇《紅塵》寫作經過。 臺北《世界論壇報》副社長兼副刊主編詩人評論家周伯乃先生，特自五月三十一日起一連三天出版特刊，慶祝七十晉五誕辰暨創作五十五周年，除刊出〈小傳〉、〈七五人生一首詩〉、〈中國新詩與傳統詩詞的整合〉、〈叩開生命之門〉三篇新作外，並刊出蒙古族女詩人作家薩仁圖婭的〈墨人：屈原風骨中華魂〉，及馬來西亞霹靂州立女子中學校長，詩詞家、散文作家彭士麟女士論《紅塵》與大陸作家作品比較的書信，墨人著作校長，詩詞家、散文作家彭士麟女士論《紅塵》與大陸作家作品比較的書信，墨人著作目錄、美國兩個榮譽文學博士、一個人文學博士照片三張，《紅塵》獲獎照片一張，及周伯乃〈無限的祝禱〉文等。 八月七日，中國時報系的《工商日報・讀書版・大書坊》刊出蓓齡的《紅塵》墨人專訪文章，並配合攝影記者何日昌拍攝的墨人及《紅塵》四冊照片。 大陸廣州暨南大學中文系教授兼臺港暨海外華文文學研究中心主任、評論家潘亞暾，費時月餘撰寫《紅塵續集》論文達一萬餘字的〈偉大史詩的歸結〉，於九月二十一至二十五日在臺北市《世界論壇報・副刊》全文刊出，見解不凡，對《續集》的成功更使他大吃一驚，因此，更肯定《紅塵》的史詩價值、地位。 八月二十八日第十五屆世界詩人大會在臺北召開，僅提出〈中國新詩與傳統詩詞的整合〉論文一篇，並未出席、論文則由《中國詩刊》主編曾美霞女士代讀。
民國八十四年乙亥（一九九五）	七十五歲	一月，臺北文史哲出版社出版《墨人半世紀詩選》（一九四二－一九九四）。 一月十日應臺北廣播電臺《藝文夜話》主持人宋英小姐訪問，許導播秀玲決定十日開播《紅塵》全書四冊，每日廣播兩次。 中國詩歌藝術學會主辦、中國文藝協會協辦，於五月二十二日在臺北市中國文藝協會舉行《墨人半世紀詩選》學術研討會，與會詩人、評論家六十餘人，討論情況熱烈，並印發海峽兩岸評論家王常新、古繼堂、古遠清、李春生、楊允達、周伯乃等十三家論文專集。各家均推崇、肯定新舊詩兩方面的成就與半個多世紀的貢獻。

		英國劍橋國際傳記中心頒贈二十世紀文學傑出成就獎。 榮列一九九五年英國劍橋國際傳記中心出版的 The Definitive Book of the Deputy Directors General of the IBC.佔全書篇幅五頁，刊登照片五張，爲全書之冠。
民國八十五年丙子（一九九六）	七十六歲	臺北圓明出版社出版涵蓋儒、釋、道三家思想的散文集《紅塵心語》。卷首有珍貴的文學照片十餘張。 臺北中國詩歌藝術學會出版《十三家論文》論《墨人半世紀詩選》。
民國八十六年丁丑（一九九七）	七十七歲	臺北中天出版社出版與《紅塵心語》爲姊妹集的散文集《年年作客伴寒窗》，各篇亦均以五、七言詩作題，內中作者詩詞亦多，並附錄珍貴文學資料訪問記、特寫、著作目錄等十餘篇。出任「乾坤」詩刊顧問，並主編該刊古典詩詞。 完成《墨人詩詞詩話》、《全宋詩尋幽探微》兩書全文。
民國八十七年戊寅（一九九八）	七十八歲	構思六年的以佛學精義結合修行心得化爲文學創作的長篇小說《娑婆世界》，於三月二十八日開筆，十二月脫稿。共三十八章，五十多萬字。 英國劍橋國際傳記中心（IBC）出版《二十世紀傑出人物》以照片配合文字將墨人傳記刊卷首重要位置，並頒發獎狀。大陸中國國際經濟文化交流促進會、燕京國際文化藝術研究會等七大單位編纂出版的《世界華人文學藝術界名人錄》，中國國際交流出版社出版的《世界名人錄》，均爲十六開巨型中文本。
民國八十八年己卯（一九九九）	七十九歲	本年爲來臺五十周年，創作六十周年，中國習俗八十歲，昭明出版社出版長篇小說《娑婆世界》。 美國傳記學會（ABI）出版二十世紀《五百位有影響力的領袖》，以照片配合文字將墨人傳記刊於卷首重要位置並頒發獎狀。照片及詩詞五首編入中國《當代吟壇》巨著。　美國「世界智庫」與艾因斯坦國際學會基金會」聯合頒贈墨人傑出成就榮譽獎，以紀念千禧年，並榮列中國出版的《中華精英大全》。 美國傳記學會頒贈墨人「二十世紀成就獎」。

民國八十九年庚辰（二〇〇〇）	八十歲	臺北昭明出版社陸續出版定本長篇小說《白雪青山》、《滾滾長江》、《春梅小史》；文學理論《紅樓夢的寫作技巧》，連同民國八十八年出版的長篇小說《娑婆世界》，並列爲墨人一系列代表作品，以慶祝墨人八十整壽。 臺北詩藝文出版社出版《墨人詩詞詩話》。 臺北文史哲出版社出版《全宋詩尋幽探微》。
民國九十年辛巳（二〇〇一）	八十一歲	臺北昭明出版社出版長篇小說定本《紅塵》全書六冊及長篇小說《紫燕》定本。
民國九十一年壬午（二〇〇二）	八十二歲	五月三日偕長子選翰赴上海訪友小住。 英國劍橋國際傳記中心授予「終身成就獎」。
民國九十二年癸未（二〇〇三）	八十三歲	八月底偕夫人及在臺子女四人經上海轉往故鄉九江市掃墓探親並遊廬山。
民國九十三年甲申（二〇〇四）	八十四歲	準備出版全集（經臺北榮民總醫院檢查無任何疾病。）巴黎 you-Feng 書局出版豪華典雅法文本《紅塵》。
民國九十四年乙酉（二〇〇五）	八十五歲	此後五年不遠行，以防交通意外，準備資料。計劃百歲前開筆撰寫新長篇小說。北京「中央出版社」出版《強國丰碑》，以著名文學家張萬熙爲題刊出墨人傳略，爲臺灣及海外華人作家唯一入選者。並先後接到北京電話、書函邀請寄送資料編入《一代名家》、《中華文化藝術名家名作世界傳播錄》。
民國九十五年丙戌（二〇〇六）至民國一百年（二〇一一）——	八十六歲至九十二歲——	重讀重校全集，已與臺北市文史哲出版社簽訂出版《墨人博士作品全集》合約，民國一百年年內可以出版。此爲「五四」以來中國大陸與臺灣所未有者。